EVA-MARIA BAST | FRANK KÖLPIN | REGINE KÖLPIN

# Bremer Geheimnisse

BAND 2

SPANNENDES AUS DER HANSESTADT
MIT KENNERN DER HEIMATGESCHICHTE

WESER KURIER

Bast, Eva-Maria; Kölpin,Frank; Kölpin, Regine;
Bremer Geheimnisse (Band 2) – Spannendes aus der Hansestadt - mit Kennern der Heimatgeschichte

WESER-KURIER in Kooperation mit:
Bast Medien GmbH, St. Ulrich-Str. 11, 88662 Überlingen (verantwortlich)
1. Auflage 2021
ISBN: 978-3-946581-78-9


Lektorat: Lena Bast
Covergestaltung: Melanie Kunze
Layout: Homebase – Kommunikation & Design, Jarina Binnig
Satz: Melanie Kunze
Druck: Mohn Media Mohndruck GmbH, Gütersloh

Ein Titel der preisgekrönten Reihe *Geheimnisse der Heimat*

# Inhalt

# Vorwort

Für Neubürger und Touristen schlummern in jeder Stadt eine ganze Reihe von Geheimnissen. Wer sich mit Büchern oder Magazinen, über das Online-Portal der Stadt oder Touristeninformation vorbereitet, erfährt viel, aber vieles eben auch nicht – das gilt nicht nur für Sehenswürdigkeiten außerhalb der Innenstadt, sondern auch für kleine und größere Geheimnisse.

Sie werden anders geteilt und verbreitet. Die Großmutter erzählt sie dem Enkel, der Patenonkel der Nichte. Der Lehrer oder die Lehrerin teilt sie mit den Schülerinnen und Schülern. Der Alteingesessene weiht den neuen Nachbarn ein. Und wenn man großes Glück hat, werden sie aufgeschrieben und man kann sie nachlesen – wie in diesem Band über Bremer Geheimnisse. Es ist bereits der zweite: So geheimnisumwoben ist die Freie Hansestadt dank ihrer Geschichte.

Wer mit wachem Geist und offenen Augen durch die Straßen wandelt, auch in der eigenen Stadt, wird auf manches stoßen, das ihm vorher nie aufgefallen ist. Es sind vorwiegend die kleinen und unspektakulären Dinge, hinter denen sich kuriose Begebenheiten, auch tragische oder bittere Ereignisse der Vergangenheit verbergen. Der Metallring in einer Mauer, der Vorsprung am Fuß eines Gebäudes, eine unscheinbare Granitplatte, eine Spundwand, die rätselhafte Aufschrift auf einer Hauswand, ein Relief, eine Inschrift, ein Name, ein Schild, schmale Gassen, breite Wege, schiefe Steine, ein beabsichtigtes Aus-dem-Rahmen-Fallen. Manches wird einfach übersehen, bleibt über

Jahre unbeachtet; manches mag man sich nicht erklären können, aber die Zeit fehlt, ihm endlich einmal auf den Grund zu gehen. Und selbst wenn man sie hätte – wo sollte man die Antwort auf seine Frage finden? In diesem Band. Er gibt Antworten: Wie kam die Schwankhalle zu ihrem Namen? Woran erinnern die Glasbausteine in der Vohnenstraße in Huckelriede? Wie kam das Konzerthaus Glocke zu seinem Namen?

Eva-Maria Bast, Regine Kölpin und Frank Kölpin sind mit wachem Geist und offenen Augen durch Bremen flaniert. Sie haben mit Kennern der Heimatgeschichte gesprochen, um die Geheimnisse zu lüften. Sie nehmen die Leserinnen und Leser an die Hand und führen sie durch die Stadt, wie sie noch nie durch die Stadt geführt worden sind – ob es Bremer sind, Besuchsbremer oder alteingesessene Tagebaren. Schließen Sie sich dieser ungewöhnlichen Führung an. Sie werden sehen, Sie werden staunen, Sie werden viel lernen und sich köstlich amüsieren. Viel Vergnügen dabei.

Silke Hellwig
Chefredakteurin
Weser-Kurier

## Das Geheimnis-Team

***Eva-Maria Bast***, Jahrgang 1978, arbeitet seit 1996 als Journalistin. 2011 gründete sie die Bast Medien GmbH. Sie initiierte die Buchreihe *Geheimnisse der Heimat*, die rasch zu einem Bestseller wurde und in knapp 80 Bänden vorliegt. 2012 erhielt sie für die Geheimnisse den Deutschen Lokaljournalistenpreis der Konrad-Adenauer-Stiftung. Sie schreibt historische Romane, auch unter den Pseudonymen Charlotte Jacobi und Romy Herold, stand auf der Spiegel-Bestsellerliste, und ist Dozentin an der Hochschule der Medien Stuttgart.

***Regine Kölpin***, geboren 1964 in Oberhausen (Nordrhein-Westfalen), lebt seit ihrer Kindheit in Friesland an der Nordsee. Sie hat für namhafte Verlage (auch unter Franka Michels) zahlreiche Romane und Kurztexte publiziert und ist auch als Herausgeberin tätig. Regine Kölpin wurde mehrfach ausgezeichnet, zum Beispiel mit dem Bronzenen Homer 2020. Mit ihrem Mann Frank Kölpin lebt sie in einem kleinen, idyllischen Dorf an der Küste. Dort konzipiert das Ehepaar gemeinsam Musik- und Bühnenprojekte.

***Frank Kölpin,*** geboren 1962 in Jever (Friesland) ist ein waschechter Friesenjung. Ausgebildet als Bankkaufmann, setzte er in der IT-Branche seine berufliche Karriere im Management als Software-Entwicklungsleiter fort. 2016 hat er seine Mangertätigkeit beendet, um sich neue Herausforderungen zu suchen. Zusammen mit seiner Ehefrau Regine Kölpin konzentrierte er sich fortan mehr auf die künstlerische Ebene. Für die Bremer Geheimnisse hat er fotografiert, Interviews geführt und recherchiert.

01

# Eisenring

## Pein an der Kirche

Eigentlich sieht der Eisenring an der Außenwand der St. Johanneskirche in Arsten ganz harmlos aus. Ist er aber nicht. Oder besser: War er nicht. Hinter dem kleinen Ring steckt eine ziemlich gruselige Geschichte. Friedrich Greve vom Arbeitskreis Arster Geschichte(n) weiß sie zu erzählen. „Das hat mit der Gerichtsbarkeit zu tun", sagt er und hebt den Ring ein wenig an. „Vor über 400 Jahren war die Rechtsprechung anders als heute."

***„Das hat mit der Gerichtsbarkeit zu tun. Vor über 400 Jahren war die Rechtsprechung anders als heute."***

Straffällig wurde damals nicht nur, wer ein Delikt nach heutigen Maßstäben beging – wie Stehlen oder Töten. Verurteilt wurde auch, wer nicht regelmäßig zum Kirchgang erschien, das Schulgeld nicht vollständig entrichtete oder die Kinder nicht zur Schule schickte, damit sie den Katechismus lernten. Die Schule war eng mit der Kirche verknüpft, die Kirche und der Thing, also die Gerichtsstätte, lagen auch räumlich nah beieinander.

Und nun kommt der Eisenring ins Spiel, an dem, wie Friedrich Greve bemerkt, früher noch ein Halseisen befestigt war. Wer sich kleinerer Vergehen schuldig gemacht hatte, dem wurde das Halseisen umgelegt, der Delinquent musste, solchermaßen an die Kirchenwand gefesselt, ausharren und war damit an den Pranger gestellt. Auf dem Weg zur Kirche hatten die Gemeindemitglieder Gelegenheit, ihren Spott und ihren Abscheu zum Ausdruck zu bringen. „Manche taten das durch einen verächtlichen Blick, andere wieder beschimpften oder bespuckten den Verurteilten." Vor allem diente das Halseisen aber als Warnung für die Dorfbewohner, sollten sie sich zu ähnlichen Vergehen hinreißen lassen.

1694 schrieb Gohgräfe Conrad van Borchen im Kirchenvisitationsbericht: „Wie wir nun solches ungern vernommen, haben wir die

*Friedrich Greve weiß, dass hinter diesem Ring eine schaurige Geschichte steckt.*

Gemeinde nach Möglichkeit ermahnet, sich fleissiger bei dem Gottesdienst einzustellen mit der Erinnerung, daß die Verbrecher aufgezeichnet und gestrafet, die halsstarrigen aber in das Halseisen sollten gestellt werden." Unklar sei, sagt Friedrich Greve, ob das Halseisen an einer Kette befestigt war oder ob es sich direkt am Eisenring befand. Die Höhe des Ringes lasse beide Möglichkeiten zu.

„Die höchste Strafe war das Blutgericht, die Hinrichtung", erzählt er die Geschichte weiter. Es wurde gerädert, gepfählt, gevierteilt, gehenkt und geköpft. „Die Gerichtsbarkeit sah viele Möglichkeiten vor, den Verurteilten ins Jenseits zu befördern", bilanziert Friedrich Greve. Er kann auch ein Beispiel für Arsten nennen: Im Jahr 1569 warf das Gericht einem Mann namens Otto Albers vor, im Wührdener Land den aus Arsten stammenden Gerdt Meyer erschlagen zu haben. Die Leiche wurde vor der Kirche ausgelegt. In Gegenwart des Gohgäfen Ranke Göring stieß der Vetter Berend Stalling, als nächster Anverwandter, den uralten Joduthruf aus. Ihm wurde die Blutrache zugestanden und der Täter aufgefordert, sich dem Gericht zu stellen. So ist es in der von Wilhelm Runge verfassten Chronik von Arsten zu lesen. Die Chronik wird im Archiv des Arbeitskreises Arster Geschichte(n) aufbewahrt. „Ob Albers hier hingerichtet wurde, schildern die Quellen des Archivs nicht", sagt Friedrich Greve.

*Der Gedenkstein für die Thingstätte: An dieser Stelle warteten die Beklagten auf ihr Urteil.*

Die bereits erwähnten Gohgräfe wurden von den Grundbesitzern und freien Bauern alljährlich gewählt und agierten als eine Art Richter.

Recht gesprochen wurde am sogenannten Thingplatz. Auf der gegenüberliegenden Seite der Arster Landstraße gibt es seit 1975 einen Gedenkstein zu einem Thing. „Dort war der Gerichtsplatz der Gohgräfe", erklärt Friedrich Greve, „direkt gegenüber der Kirche." Gericht gehalten wurde jeden vierten Sonntag vor der Arster Kirche unter einer alten Linde. Wenn jemand Straftaten oder Vergehen zu melden hatte, wandte er sich an den Gohgräfen oder brachte seine Anschuldigung beim Pastor vor.

***„Dort war der Gerichtsplatz der Gohgräfe, direkt gegenüber der Kirche."***

Wer sie sucht: Die alte Linde gibt es nicht mehr. 1878 wurde sie durch eine Sedans-Eiche ersetzt, zum Gedenken an die Schlacht bei Sedan 1870. Diese Eiche wurde 1970 gefällt, und heute erhebt sich wieder eine Linde über dem Gedenkstein, der ans Blutgericht erinnert. So, wie der Ring an der Kirche an den Pranger erinnert.

Friedrich Greve hebt noch einmal den Ring an. Blut klebt nicht daran, aber sicher viel Scham und Pein.

### *So geht's zum Eisenring:*

*Der Eisenring befindet sich am Turm der Johanneskirche in Arsten, Arster Landstraße 51, an der rechten Seite neben dem Haupteingang. Der Gerichtsplatz Thing liegt direkt gegenüber an der anderen Straßenseite.*

24

02

# Pinkelpilze

## Problem erkannt – Problem gebannt

Bremen ist reich an Superlativen. Die Stadt hat nicht nur das mit Abstand schönste Rathaus und den schönsten Bahnhof, sondern ist auch Sitz der ältesten deutschen Handwerkskammer. Selbige ist an der Hutfilterstraße im sogenannten „Gewerbehaus" ansässig, und an diesem eindrucksvollen Gebäude gibt es ein amüsantes Geheimnis. Peter Meyer-Odewald hat es neben dem prachtvollen Portal entdeckt und sich ziemlich gewundert: In Bodennähe des pompösen Hauptportals befinden sich seltsame Runddächer, die ein wenig an Pilze erinnern. Von der Höhe her könnten sie allenfalls Gnomen oder Elfen Schutz vor Regenschauern bieten. Da diese in Bremen aber eher selten unterwegs sind, bleibt die Frage, wofür sie gut sind. Meyer-Odewald wollte das auch wissen. Nachdem er die Merkwürdigkeit entdeckt hatte, begann er, neugierig geworden, zu recherchieren, was es damit auf sich hat – und war über das Ergebnis ausgesprochen verblüfft. „Die Runddächer werden *Schürzen* genannt", verrät er schon einmal.

Um zu erklären, wofür sie gut sind, ist ein Blick in die Geschichte des Gebäudes der Handelskammer notwendig. Seit über 400 Jahren befindet sich an dieser Stelle das Gewerbehaus. „Die Zünfte der Wandschneider und später auch der Kramer nahmen dort, wie es so schön heißt, ihre Amtsgeschäfte wahr", berichtet Peter Meyer-Odewald. „Doch das ist nur die halbe Wahrheit." Im repräsentativen Festsaal fanden nämlich auch rauschende Feiern wie Hochzeiten statt. Konzertklänge fluteten den Saal, Auftritte von Gauklern und Seiltänzern waren keine Seltenheit. Und es wurde gehörig getrunken! Jetzt kommen die Pilze oder Schürzen ins Spiel: „Zur damaligen Zeit waren die Männer noch nicht

***„Die Zünfte der Wandschneider und später auch der Kramer nahmen dort, wie es so schön heißt, ihre Amtsgeschäfte wahr."***

*Peter Meyer-Odewald hat sich bei der Auflösung des Rätsels hinter diesen niedrigen Mini-Dächern in Bodennähe schon ein bisschen amüsiert.*

so kultiviert wie heute", sagt der Bremer schmunzelnd. „War die Blase voll, musste sie entleert werden, und welcher Ort eignete sich besser als die Ecken neben dem Hauptportal?"

***„War die Blase voll, musste sie entleert werden, und welcher Ort eignete sich besser als die Ecken neben dem Hauptportal?"***

Der urinöse Duft der flüssigen Hinterlassenschaften war das Erste, was prominenten Besuchern wie zum Beispiel dem Zaren Peter dem Großen (1672-1725), der in dem Gebäude sogar nächtigte, in die Nase kroch. Ein Umstand, den es zu verhindern galt. „Daher wurden an den Ecken steinerne Urinschirme, vulgär auch *Pinkelpilze* genannt, angebracht", teilt Peter Meyer-Odewald bereitwillig das Ergebnis seiner Recherchen mit.

Fühlte sich jetzt einer der Gäste nach dem Genuss des wunderbaren bremischen Bieres genötigt, seine Blase in den Ecken neben dem Portal zu entleeren, wurde der Strahl von den steinernen Schirmen ab- und auf Beinkleid und Schuhe hingelenkt. Nasse Füße oder Hosen, die nach einiger Zeit stinken, waren eben auch nicht gewollt, und so ließen die Herren die Ecken-Pinkelei schön bleiben und suchten sich andere Gelegenheiten, um sich zu erleichtern.
Problem erkannt – Problem gebannt.

### *So geht's zu den Pinkelpilzen:*

*Die Pinkelpilze befinden sich rechts und links vom Eingang des Gewerbehauses in der Hutfilterstraße.*

*Die Sonnenuhr an der Ratsapotheke geht die Hälfte des Jahres richtig.*

03

# Sonnenuhren

## Zeit ist nicht gleich Zeit

Am Marktplatz und im Bibelgarten hängt je eine Sonnenuhr. Beide gehen falsch. Zumindest im Sommerhalbjahr. Dahinter steckt eine spannende Geschichte, die auch davon handelt, dass die Uhren in Bremen einst ganz anders tickten als Beispielsweise in Hamburg. Doch der Reihe nach. Dass die Sonnenuhr am Marktplatz im Sommer nicht mit der Armbanduhr übereinstimmt, ist eigentlich überhaupt nicht verwunderlich – und die Sonnenuhr befindet sich dabei in guter Gesellschaft mit allen anderen Sonnenuhren Bremens und darüber hinaus: Sonnenuhren richten sich nun mal nicht nach Zeitum-

***„Sie ist ein Relikt aus der Epoche, als die Menschen noch mit den Hühnern auferstanden oder zu Bett gingen und der Pastor die Mittagspause einläutete.“***

stellungen. In der Winterzeit stimmt's dann wieder. Mit einer Ausnahme.

Die Sonnenuhr im Bibelgarten aus dem Jahr 1619 geht auch in der Winterzeit falsch. „Sie ist ein Relikt aus der Epoche, als die Menschen noch mit den Hühnern aufstanden oder zu Bett gingen und der Pastor die Mittagspause einläutete“, sagt Norma Holthusen, die dem Geheimnis der Uhr auf den Grund gegangen ist. Die Sonnenuhr im Bibelgarten ist, wie alle anderen vertikalen Sonnenuhren auf der Nordhalbkugel, direkt nach Süden ausgerichtet. Die Zahl zwölf steht exakt unten in der Mitte. Der Sonnenstab – an seinem Ende mit einer Kugel versehen – lässt den Schatten auf der Platte hin und her wandern. Sie zeigt die Zeit nach Sonnenstand an.

*Die Sonnenuhr im Bibelgarten.*

Die Stadtführerin erzählt, dass die Menschen früher auf dem Land keine Uhren hatten, sondern sich die Zeit mittels Stundenkerzen einteilten. „Die Kerzen hatten Kerben, jede Stunde brannte eine Kerbe weg, und so konnten sie die Zeit weiterrechnen.“ Und noch eine weitere zeitliche Orientierung gab es für die Landbevölkerung: „Der Pastor ließ morgens um sechs Uhr die Glocke läuten, und die Leute wussten, dass sie auf die Felder mussten“, sagt sie. Um 12 Uhr gab es dann das Mittagsläuten für die Pause. „An langen Sommertagen wurde bis zu 17 Stunden gearbeitet, heute unvorstellbar“, schildert die Bremerin den anstrengenden Alltag der Bauern auf dem Feld.

Das erklärt jedoch nicht, warum die Uhr im Bibelgarten anders tickt, respektive anders Schatten wirft, als die am Marktplatz. Norma Holthusen hat die Antwort parat. Und die ist überraschend: „Zwischen der Entstehung der Sonnenuhr am Dom und der Sonnenuhr am Markt liegen 341 Jahre", erklärt sie. „In dieser Zeitspanne hat sich allerhand getan. Wir haben es immerhin von der Sonnenuhr bis zur Atomuhr geschafft."

Auch wieder wahr. Kleines Wortspiel: Im Laufe der Zeit hat sich wohl auch die Zeit verändert. Und so ist es auch. „Ende des 19. Jahrhunderts wurde die Welt organisiert – eingeteilt in Längen- und Breitengrade, und schließlich in 24 Zeitzonen. Der Null-Meridian verläuft durch Greenwich, Großbritannien", fährt sie fort. Und von dort aus sind jeweils 15 Längengrade eine Stunde. „Die Position Bremens ist übrigens 53 Grad drei Minuten nördliche Breite und acht Grad vier Minuten östliche Länge", verrät Norma Holthusen.

***„Die Position Bremens ist übrigens 53 Grad drei Minuten nördliche Breite und acht Grad vier Minuten östliche Länge."***

Lange Rede kurzer Sinn: Die Sonnenuhr im Bibelgarten wurde nach der sogenannten „wahren Ortszeit" ausgerichtet, was bedeutet, wenn die Sonne über Bremen im Zenit steht, ist es nach dem Sonnenstand 12:00 Uhr. Bei der modernen Uhr am Rathaus von 1960 wurde hingegen die Skala – also der Bereich, in dem Zahlen aufgetragen wurden –, so angepasst, dass die Sonnenuhr nach der Mitteleuropäischen Zeit, kurz MEZ, auf 12 Uhr ausgerichtet ist, deshalb steht die 12 auch nicht senkrecht zur Eisenstange, sondern nach links versetzt.

Da kann man nur sagen: Tempora mutantur nos et mutamur in illis. Zu deutsch: Die Zeiten ändern sich, und wir ändern uns in ihnen.

## *So geht's zu den Sonnenuhren:*

*Die ältere Sonnenuhr hängt im Bibelgarten am St. Petri Dom. Wer ihn nach rechts umrundet, gelangt in den Bibelgarten, die Uhr ist dort links an der Mauer zu finden. Die andere Sonnenuhr ist oberhalb der Ratsapotheke am Marktplatz angebracht.*

SANGA-SANGA

04

# Geheimnisvolle Wörter

## Der Klang ferner Welten

Balik Papan, Sanga-Sanga, Tarakan. Wie meinen? Ist das ein Zauberspruch? Oder welche Botschaft verbirgt sich hinter diesen Worten, die, laut ausgesprochen, rhythmisch klingen und dazu verleiten, sie ständig zu wiederholen.

Die Antwort findet sich im Stadtteil Schwachhausen in der Tettenbornstraße, die ihren Namen übrigens dem General Tettenborn verdankt, der von 1778 bis 1845 gelebt und Bremen von den französischen Besatzern befreit hat. In dieser Wohnstraße, einer Sackgasse, steht auf der linken Seite ein kleiner Reihenhausblock. Drei der Häuser, die Nummern 20, 22 und 24, fallen sofort auf: Allerdings nicht durch eine architektonische Besonderheit, sondern weil an ihren Fassaden ebenjene Worte stehen, die den Betrachter unweigerlich zum Grübeln bringen. An der Nummer 20 ist *Balik-Papan* zu finden, an der Nummer 22 *Sanga-Sanga* und an der Nummer 24 *Tarakan*.

„Da wird sich schon so mancher, der hier vorbeigekommen ist, gefragt haben: Was mögen diese Namen bedeuten? Und sie werden das Rätsel mit nach Hause genommen haben", ist sich Peter Strotmann sicher. „Denn so schnell kommt man nicht darauf." Der Bremen-Kenner, der seit seiner Kindheit den Geheimnissen seiner Heimat auf der Spur ist, gab sich damit aber nicht zufrieden. Er hat nachgeforscht und herausgefunden, dass es sich bei den drei Wörtern um die Namen von Städten auf dem indonesischen Teil von Borneo handelt. Borneo ist die drittgrößte Insel der Welt und die größte Insel Asiens. Sie liegt im Malaiischen Archipel in Südostasien und ist aufgeteilt zwischen den drei Staaten Indonesien, Malaysia und Brunei. Ohne Frage ausgesprochen spannend. Das erklärt aber noch nicht, was die Namen indonesischer Städte ausgerechnet in einer kleinen Bremer Nebenstraße an drei Häusern zu suchen haben.

Peter Strotmann weist zunächst auf die Nummer 20. „Damit fangen wir an", sagt er und spricht *Balik-Papan* noch einmal so genüsslich

*Wer hätte gedacht, dass die Tettenbornstraße eine Verbindung nach Indonesien hat?*

wie flüssig aus. Die Geschichte, die er dann erzählt, fängt ein bisschen märchenhaft an. „Es war Gustav Evers aus Bremerhaven, der als Maschinenbauingenieur auf Schiffen des Norddeutschen Lloyds fuhr", beginnt Peter Strotmann. „Als 26-Jähriger betrat er 1914 auf der Insel Java die südostasiatische Inselwelt, damals Niederländisch-Ostindien, und war begeistert." Nach ein paar Jahren weiterer Fahrtzeit fand er Arbeit bei der Firma Shell, die in Borneo nach Öl bohrte. In der damals noch sehr kleinen Stadt Balik-Papan wurde Evers bald Leiter einer Werkstatt. 1925 fuhr er noch einmal nach Bremerhaven, um Eltern und Geschwister wiederzusehen. Dieser Besuch verlief aber anders als geplant, denn er lernte dort Käthe Schröder kennen und lieben. Die beiden heirateten noch im gleichen Jahr.

***„Als 26-Jähriger betrat er 1914 auf der Insel Java die südostasiatische Inselwelt, damals Niederländisch-Ostindien, und war begeistert."***

„Das Ehepaar Gustav und Käthe beschloss dann, gemeinsam auf Borneo zu leben", schildert Peter Strotmann weiter. Da auf Borneo neben Indonesisch hauptsächlich Holländisch gesprochen wurde – schließlich war Borneo zum Teil holländische Kolonie – mussten Käthe Evers und ihr Gatte die Sprache schnellstmöglich erlernen. „Drei Kinder wurden auf Borneo geboren. Die 1926 erstgeborene Norma und ihre Geschwister besuchten eine holländische Schule", beschreibt Strotmann die Lebensumstände der Auswanderer. Borneo und Balik-Papan war der Familie Evers zur Heimat geworden.

„Balik-Papan ist heute eine Seehafenstadt im indonesischen Teil der Insel Borneo", ergänzt Peter Strotmann. Sie ist mit 852.000 Einwohnern (Stand 2019) die größte Stadt in diesem Teil der Insel. Die Region ist reich an Tropenholz, Bodenschätzen und Erdöl, das Klima tropisch: Durchschnittswerte das ganze Jahr: bei Maximaltemperatur 30,5 Grad, Minimaltemperatur 23,9 Grad, und das bei 150 Regentagen im Jahr und einer Luftfeuchtigkeit von rund 84 Prozent.

Doch zurück zur Familie Evers. 1933 ergriffen die Nationalsozialisten in Deutschland die Macht, und ab diesem Zeitpunkt waren Deutsche im Ausland nicht mehr gern gesehen. Aus diesem Grund kam die Familie 1936 schweren Herzens nach Bremen in die alte Heimat zurück, ebenso wie Betriebsingenieur Gustav Krutschke, ein Freund der Evers. Er war in der Ölindustrie der Gebiete Sanga-Sanga und Tarakan tätig gewesen. Sanga-Sanga ist ein Küstenbezirk im indonesischen Teil der Insel Borneo. 2010 betrug die Bevölkerung 17.210 Einwohner. Tarakan ist eine Stadt auf der gleichnamigen kleinen Insel Tarakan, vorgelagert dem indonesischen Teil von Borneo. „Sie ist eine Industriestadt, die sich besonders an der Ölwirtschaft orientiert", so Peter Strotmann. 2019 hatte sie 270.900 Einwohner.

„Gemeinsam bauten die Familien in Bremen ihre Häuser. Gustav Evers das Haus Nummer 20, Herr Krutschke die Häuser 22 und 24 als Miethaus", erzählt Peter Strotmann. Und zur Erinnerung an die Zeit in Indonesien ließen die Bauherren die Namen ihrer vorübergehenden indonesischen Heimat an den Fassaden anbringen. „Was aus Gustav Krutschke geworden ist, ist leider unbekannt. Belegt ist jedoch, dass seine Witwe, Gretchen Krutschke, um 1952 noch in der Tettenbornstraße gewohnt hat", fährt der Bremer fort und empfiehlt: „Die Bedeutung dieser indonesischen Städtenamen zu ergründen, ist ohne Kenntnisse der lokalen Gegebenheiten wenig sinnvoll. Deshalb sollten wir einfach die Namen aussprechen und sie in uns klingen lassen."

***„Deshalb sollten wir einfach die Namen aussprechen und sie in uns klingen lassen."***

Es wird übrigens berichtet, dass die Kinder der Straße die Namen wie eine Melodie heruntersingen. Balik-Papan, Balik-Papan, Sanga-Sanga, Tarakan. Und mit dem neuen Wissen um die Geschichte, die hinter diesen Worten steckt, klingen sie irgendwie noch ein bisschen märchenhafter.

### *So geht's zu den geheimnisvollen Wörtern:*

*Im Stadtteil Schwachhausen geht von der Scharnhorststraße die Tettenbornstraße ab. An deren Ende stehen in der Sackgasse links die Häuser Nr. 20, 22 und 24 mit den Aufschriften.*

*Die Handschuhe am unteren Rand des Grabsteins geben Rätsel auf.*

05

# Handschuhe

## Die falsche Legende

Eigenartig: Zwischen den beiden Figuren, die in Lebensgröße auf der Grabplatte an der Kirchenwand in Arsten abgebildet sind, liegen auf Fußhöhe der Abgebildeten zwei steinerne Handschuhe überkreuz. Auch eine genauere Betrachtung der Grabplatte gibt keinen weiteren Aufschluss über den Sinn der Handschuhe. Der Mann ist ein Ritter in voller Rüstung und mit Halskrause, Vollbart und ohne Haupthaar. Seine neben ihm dargestellte Frau trägt ein langes, fließendes Gewand. Der Stein zeigt zudem acht Ahnenwappen, von denen aber nur noch fünf wirklich gut zu erkennen sind – und eben jene Handschuhe sowie das Wiesel oben im Hautwappen. Erika Hickl kann sich auf all das aber durchaus einen Reim machen – inklusive Handschuhe. Um das verstehen zu können, gelte es aber zunächst zu klären, für wen die Grabplatte überhaupt gestaltet wurde.

„Ziemlich sicher ist, dass es sich bei den bestatteten Personen um den Ritter Arp Hermeling und seine Gemahlin Anna handelt“, sagt die Archivarin. „Das Geburtsjahr der beiden ist nicht bekannt, aber Arp Hermeling starb am 24. Mai 1589, seine Frau erst im Jahr 1610. Der Name Hermeling erkläre außerdem das auf dem Grabstein abgebildete Wiesel: Die Tierchen werden auch als Hermeline bezeichnet, es gibt also eine nachvollziehbare Parallele zum Nachnamen. Eine so plausible wie interessante Erklärung, die mit den Handschuhen aber erstmal rein gar nichts zu tun hat. Außer, es würde sich um Hermelinhandschuhe handeln. Doch das ist nicht der Fall.

„Um die Handschuhe ranken sich zwei Sagen“, holt Erika Hickl etwas weiter aus und verweist auf den Autor Walter Pfannschmidt, der in seinem Buch *Arsten. Aufsätze zur Geschichte eines ehemaligen bremischen Dorfes* schreibt: „An diese Handschuhe knüpft sich eine Sage. Sie deutet die Handschuhe als eine Hand und ein Ohr.“ Das Ohr galt im Mittelalter als Eintrittsort der Seele, aber auch für Dämonen. Die Hand wurde als wichtigstes Werkzeug des Menschen gesehen. Natürlich zum Arbeiten, aber auch zum Führen von Waffen. Walter Pfannschmidt schreibt weiter, es handle sich bei dem Bestatteten nicht um Arp Hermeling, sondern um einen Ritter von der Hemme, dem alten an der Weser gelegenen Bauerngut. „Dieser Ritter sei von den Bremern hingerichtet worden, da er die von Nienburg abwärts fahrenden Schiffe geplündert habe“, referiert Pfannschmidt den Inhalt der Sage. „Dabei hat er angeblich Seile gespannt und sie somit an der Weiterfahrt gehindert“, ergänzt Erika Hickl. Einer weiteren Sage nach sollen Arp Hermeling die Hände abgeschlagen worden sein, weil er einen Meineid geschworen habe.

*Erika Hickl hat nachgeforscht, was es mit den Handschuhen auf sich hat.*

Erika Hickl bleibt als Archivarin der Kirchengemeinde Arsten lieber bei den Fakten: Arp Hermeling wurde ein christliches Begräbnis zuteil und er wurde zudem unter der Kanzel bestattet. Das spricht eher dafür, dass er ein ehrenhafter Mann war. Auch die Inschrift auf der Platte deutet darauf hin. „Wilhelm Berner hat sie einst entschlüsselt", erklärt Erika Hickl. „Dabei hat er herausgefunden, dass die Worte *erbar* und *ehrenfeste* darin enthalten sind." Folgende Reste der Inschrift sind ebenfalls erhalten: *ANNO 1589 – DE S4 MAY IS DER – …HRISTLICH ENTSLAPE S.O. 77 JAR – H … MELING*

Und es gibt noch einen Hinweis darauf, dass die Familie Hermeling überaus angesehen war: Neben der Kirchenpforte steht eine weitere, sehr verwitterte, Grabplatte. Auch hier findet sich wieder ein Hermelin im Wappenbild. Die Platte stammt aus dem Jahr 1546. Demnach handelt es sich hierbei vermutlich um die Grabplatte des früher verstorbenen Bruders von Arp Hermeling, dem mit dieser Grabplatte ebenfalls Ehre gezollt wurde. Sein Name ist allerdings unbekannt. Einen verhassten Raubritter und seine Familie hätte die Kirche wohl kaum für würdig befunden, an derart prominenter Stelle zum letzten Mal zu ruhen. „Deshalb spricht fast alles dagegen, dass Arp Hermeling schlimme Dinge getan und Schiffe geplündert hat", schließt Erika Hickl ihre Ausführungen.

Aber was sagen die Handschuhe aus, wenn sie nicht auf das Raubrittertum und schon gar nicht auf abgehackte Hände hinweisen? Ganz einfach: „Die gekreuzten Handschuhe waren damals das Zeichen für ritterliche Würde. Sie sind oft auch auf anderen Grabsteinen zusammen mit Ritterhelmen zu finden", hat die Expertin herausgefunden. Also nichts Unritterliches – im Gegenteil. So sei dem Ritter Hermeling mit seiner Gemahlin die ewige Ruhe ohne böse Gerüchte gegönnt.

## *So geht's zu den Handschuhen:*

*Der Grabstein der Hermelings mit den Handschuhen befindet sich im Stadtteil Arsten rechts neben dem Turm an der Kirchenmauer der Arster Kirche, Arster Landstraße 51.*

*Die Granitplatte ist so unscheinbar, dass sie vom umgebenden Bodenbelag kaum zu unterscheiden ist.*

06

# Granitplatte

## Vergessene Kunst

„Davon gibt es nur noch fünf“, sagt Stadtführer Arthur Zapf und deutet auf die leicht zu übersehende Granitplatte an der Obernstraße, die sich auf den ersten Blick von den Steinen, die sie umgeben, kaum unterscheidet und nur durch die dunklere Färbung und die Inschrift *Innocente* auffällt. „Sie ist Teil eines Kunstwerks, das nicht mehr vollständig existiert“, erklärt er. Zerstörte oder abgebaute Kunst, die gerade mit Füßen getreten wird, weil man sie nicht bemerkt? Arthur Zapf nickt. „Ich bin froh, diese Platte hier entdeckt zu haben. Sie steht auf der Sechs des überdimensionalen Ziffernblattes einer riesigen Uhr aus Granitsteinen.“

***„Ich bin froh, diese Platte hier entdeckt zu haben. Sie steht auf der Sechs des überdimensionalen Ziffernblattes einer riesigen Uhr aus Granitsteinen.“***

Das Kunstwerk wurde 1982 aus 13 Steinplatten verschiedener Granitsorten unterschiedlicher Länder erstellt. Zwölf der Platten wurden im Bremer Stadtgebiet in gleichen Abständen so in die Gehwege verlegt, dass sie einen imaginären Kreis bildeten, der einen Durchmesser von 1,5 Kilometern hatte. Laut der Homepage von *Kunst im öffentlichen Raum Bremen* ergibt sich „in der Vorstellung eine große, auf der Erde liegende Uhr, deren Umfang etwa 4,5 km Luftlinie beträgt". Arthur Zapf ergänzt: „Das Kunstwerk sollte im weitesten Sinn eine Granituhr darstellen, die nur aus der Dimension Gottes sichtbar war."

Die zentrale Platte, die sich auf dem Bahnhofsvorplatz befand, ist nicht mehr vorhanden, wie auch acht weitere Platten fehlen. Dafür existieren noch die erwähnten fünf Ziffernsteine. „Darin sind und waren aber keine Ziffern, sondern Begriffe aus der italienischen Musiksprache eingelassen", stellt Arthur Zapf klar. Auf der Platte, die er zeigt, steht *Innocente* – unschuldig – anstelle der Zahl 7 geschrieben. Die Anfangsbuchstaben der Worte in den Platten ergaben in Uhrzeigerrichtung den Spruch mit zwölf Buchstaben „Ach ja die Zeit". Allerdings kann der Betrachter die Inschrift, selbst wenn er das Prinzip begriffen hat, nicht mehr entziffern, weil so viele Steine fehlen.

*Arthur Zapf erklärt, was es mit der Platte auf sich hat.*

Eine Uhr aus Granitsteinen also. „Der Künstler, Reinhard Krüger, hat die Art des Steins bewusst gewählt, weil er für ihn eine besondere Bedeutung hat. Die Zeit, in Stein gebunden, in aller Ewigkeit überdauern, so der Sinn", erklärt der Stadtführer. „Krüger wollte damit deutlich machen, dass seine Uhr anders funktioniert als die, die wir kennen. Unsere Uhren zeigen ja, dass die Zeit unerbittlich voranschreitet."

Übrigens nannte Reinhold Krüger (1949-1989) sein Werk *Projekt Granit*. „Er hat es als Dank an die Stadt Bremen für seine künstlerische Förderung umgesetzt", erklärt Zapf.

Da liegt es also, eines der letzten Relikte dieses Kunstwerkes. Täglich laufen viele Menschen darüber hinweg ohne den Hintergrund zu kennen oder es überhaupt zu bemerken. Das erklärt auch die verschwundenen Steinplatten: Selbst in der Verwaltung war das *Projekt Granit* nicht überall bekannt, sodass bei Renovierungs- und Straßenarbeiten keiner etwas mit den Granitplatten anfangen konnte und sie nach und nach einfach entfernt wurden. Wo heute die anderen Teile der Uhr abgeblieben sind, ist nicht mehr rekonstruierbar.

***„Der Künstler wollte damit deutlich machen, dass seine Uhr anders funktioniert als die, die wir kennen."***

Eine unscheinbare Granitplatte im Pflaster als Teil eines zerstörten Kunstwerks, das doch für die Ewigkeit gedacht war. Wirklich schade.

Doch das Leben geht weiter und somit auch die Zeit. Die Straßenbahn kommt, viele Menschen schieben sich in Richtung Bahn. Treten auf der Granitplatte herum und wissen gar nicht, dass ihnen da eigentlich die Unendlichkeit, unschuldig in Granit gemeißelt, zu Füßen liegt.

## *So geht's zur Granitplatte:*

*Die Granitplatte liegt in der Haupteinkaufsmeile in Bremen in der Obernstraße, gegenüber der Buchhandlung Thalia, wenn man vom Marktplatz kommt, auf der rechten Seite im Boden.*

WELCOME
ON
BOARD

07

# Balge-Steine

## Der verschwundene Flussarm

Tag für Tag fahren Autos und Radfahrer darüber hinweg, ohne sie zu bemerken. Doch manchmal bleibt ein Fußgänger am Straßenrand neugierig stehen und betrachtet die Buchstaben *BALGE*, die dort quer über den Straßenzug in die Pflasterung eingelassen sind. Einen Reim darauf können sich die meisten allerdings nicht machen und gehen achselzuckend weiter. Wer jedoch mit Norma Holthusen unterwegs ist, bekommt Antwort auf die Frage, warum die Buchstaben stehen, wo sie stehen, und was das denn überhaupt ist – eine Balge.

„Es handelt sich um eine alte Wasserstraße", klärt die Stadtführerin auf. „Die Balge war von elementarer Bedeutung für die Entwicklung Bremens als Stadt." Norma Holthusen lädt ein zu einem kleinen Spaziergang auf den Spuren der Balge, die ein Seitenarm der Weser war, und erklärt: „Es gibt nämlich einen Grund, warum ausgerechnet an dieser Stelle darauf hingewiesen wird."

Von der Wachtstraße geht es zur Martinistraße und von dort nach links, bis die Ampelkreuzung der Balgebrückstraße erreicht ist. Auch hier findet sich also im Straßennamen wieder ein Hinweis auf die Balge. Nach Überquerung der Ampel führt der Weg erneut leicht nach links. Norma Holthusen verweist auf die Pflasterung: Im Fußweg sind mit kleinen Granitsteinen die Balge und auch die Klosterbalge kenntlich gemacht. Was hat es mit der Klosterbalge auf sich, dass sie eigens an einem anderen Straßenabschnitt erwähnt wird?

Es geht ein paar Stufen abwärts zur Klosterkirchenstraße. Norma Holthusen deutet auf die Kirche: „Hier entstand um 1225 das Franziskanerkloster St. Johann, die Kirche selbst stammt aus dem Jahr 1380", erzählt sie, „die Klosterbalge hat dieses Kloster mit Wasser gespeist." Als nach der Reformation in Bremen alle Klöster aufgelöst wurden, funktionierte man dieses Klostergebäude zu einem Hospital um. „Die Klosterbalge versorgte nun auch das Hospital mit dem notwendigen

*Der Name BALGE ist mit großen Buchstaben in die Straßenpflasterung der Wachtstraße eingelassen.*

Wasser", berichtet die Stadtführerin und marschiert weiter auf der Hohen Straße Richtung Stavendamm und von dort in die Straße „Schnoor". „Der Schnoor selbst ist das älteste noch erhaltene Stadtviertel von Bremen und mit seinen engen Gassen und kleinen Häuschen kann man die alte Zeit noch hautnah erleben", referiert Norma Holthusen zu dem bekannten Viertel. Allerdings habe das sogenannte *Schnoorstatut* von 1959 für eine Integration der historischen Häuser in eine moderne Stadt gesorgt: „Es musste Häuserfluchten und vorgeschriebene Straßenbreiten geben."

Und das hatte ausgesprochen spannende Folgen, die wiederum mit der Balge zu tun haben: In der nahegelegenen Straße Hinter der Balge musste aufgrund der Verordnung nämlich das Haus Nr. 1 abgerissen werden. Dabei kam der Balgehafen ans Licht, Bremens erster Hafen für ganz kleine, flache Schiffe. Ein verschwundener Hafen im Schnoor und Steine, die auf den Seitenarm in der Altstadt hinweisen! Die Balge ist für manche Überraschung gut. Doch Norma Holthusen hat noch mehr auf Lager. „Nun folgen wir den Spuren der Balge zurück zum Ausgangspunkt in der Wachtstraße", sagt sie, „damit deutlich wird, was dieser Hafen für eine Bedeutung hatte." Sie ergänzt: „Auf der Straße Hinter der Balge wechseln wir die Flussseite der ehemaligen Balge."

***„Auf der Straße Hinter der Balge wechseln wir die Flussseite der ehemaligen Balge."***

Es geht wieder zurück zum Stavendamm nach links durch einen Tunnel zur Weser. Kurz darauf kommt der Martini-Anleger ins Blickfeld. Dahinter erstreckt sich flussabwärts der nächste Bremer Hafen, die Schlachte: im 13. Jahrhundert erbaut, weil die Balge für die modernen Koggen nicht genug Tiefgang hatte und auch schon sehr verschlammt war. Mit dem Bau dieses Weserhafens begann die Entwicklung Bremens zu einer bedeutenden Handelsstadt.

Ein weiterer Tunnel führt direkt in die Böttcherstraße, die einst die wichtigste Verbindung vom Marktplatz zum Hafen war. „Wenn wir der Böttcherstraße folgen, müssen wir wieder über die Balge", erklärt Norma Holthusen und steuert direkt auf den Marktplatz mit dem historischen Rathaus zu. „Wir müssen den Schütting, das Gebäude der Kaufmannschaft, umrunden, dann landen wir an der *Stintbrücke*", bemerkt sie. „Das ist eine Brücke über die Balge, wo man wohl besonders viele Stinte, das sind Fische, fangen konnte. Wenn wir auf den gläsernen Eingang der Handelskammer zugehen, stehen wir ein letztes Mal auf der speziellen Pflasterung der Balge." Hier werde sie noch einmal erwähnt.

Doch warum ist von diesem Seitenarm der Weser heute außer ein paar Buchstabensteinen nichts mehr zu sehen? Wie Norma Holthusen berichtet, habe der Bremer Senat 1819 beschlossen, den Flussarm zuzuschütten und durch einen unterirdischen Abwasserkanal zu ersetzen. „Die Balge ist heute verschwunden, man weiß aber, dass dieser Seitenarm der Weser später eine traurige Karriere als Kloake machte und schließlich als Teil der Kanalisation im Untergrund verschwand."

Es geht nach links in die Straße Hinter dem Schütting, wo noch einmal die Böttcherstraße gekreuzt wird. So endet der Spaziergang wieder in der Wachtstraße – bei den großen Buchstaben. Norma Holthusen entschlüsselt nun, warum gerade hier die großen Buchstaben der Balge zu finden sind: „Vom Schnoor bis hierher fuhren kleine Plattbodenschiffe, um die Waren an den Marktplatz zu bringen." Dass diese Schiffe aus Eichenholz gefertigt waren und eine Größe von circa 1,50 Meter Breite und 3,50 bis 10 Meter Länge hatten, ist bekannt, weil beim Bau der Tiefgarage vom Radisson Blue Hotel die Überreste eines solchen Bootes gefunden wurden.

Die Balge: einst für den Handel ein wichtiger Verbindungsarm der Weser mit dem Zentrum Bremens und eine wichtige Wasserstraße, ohne die Bremen vielleicht nicht zu dem geworden wäre, was die Stadt heute ist. Heute muss sie erlaufen werden. Sie im wahrsten Sinne des Wortes zu erfahren, ist ja leider nicht mehr möglich.

### *So geht's zu den Balge-Steinen:*

*Die Balge-Steine befinden sich in der Nähe des Bremer Marktplatzes in der Wachtstraße gegenüber der Baumwollbörse.*

*Die Brecht-Inschrift vor der Skulptur „Zur Schicht".*

08

# Brecht-Zitat

## Weil sie nicht aufhören zu kämpfen

„Das ist mein Kollege", sagt ein Passant lachend. Bei dem so Bezeichneten handelt es sich um die zwar gebückte, aber überragend große Bronzestatue eines Werftarbeiters. Sie heißt „Zur Schicht" und bildet einen zentralen Punkt in Gröpelingens belebter Lindenhofstraße.

Den bronzenen Werftarbeiter, den kennt man in der Gegend. Viel unbekannter und auch ein wenig rätselhaft ist die Inschrift, die sich zu seinen Füßen befindet. *Wer kämpft, kann verlieren, wer nicht kämpft, hat schon verloren*, steht da geschrieben – ein Zitat von Bertolt Brecht (1898-1956).

Kathrin Wischnath, die in dem Stadtteil zuhause ist, kann nicht nur über den Urheber des Zitats, sondern auch über den Hintergrund der Inschrift aufklären. „Die Skulptur *Zur Schicht* wurde von Waldemar Otto im Jahr 1983 erschaffen", beginnt sie zu erzählen. „Wird ihre

Geschichte und der Zusammenhang mit der Werft AG Weser deutlich, ist auch zu verstehen, warum es diese Platte mit dem Brecht-Zitat gibt."

Die Aktiengesellschaft Weser, eher bekannt unter AG Weser, war lange Zeit der Hauptarbeitgeber in Bremen, nicht nur für Gröpelingen. Die Werft prägte den Stadtteil maßgeblich. Sie bestand 140 Jahre, dort wurden etwa 1.400 Schiffe gebaut. Doch die Werftenkrise machte auch vor Bremen nicht halt. Zwar stieg die Nachfrage nach Schiffen, aber die Konkurrenz aus Asien wurde immer größer. Sie produzierte günstiger, sodass die deutschen Werften nicht mehr mithalten konnten. Ab 1970 gingen die Auftragszahlen in den westlichen Industrieländern zurück. 1972 musste die Bremer Roland Werft schließen, ihr folgten viele weitere, denn auch die beiden Ölkrisen 1973/74 sowie 1979/80 setzten der Werftenindustrie hart zu. 1983 traf es auch die AG Weser.

*Kathrin Wischnath kennt das Stück, das die Skulptur „Zur Schicht" der Gröpelinger Geschichte erzählt.*

Der Passant, der stehengeblieben ist, mischt sich wieder ein: „Als ganz junger Arbeiter bin ich von Izmir nach Gröpelingen gekommen. Ich kenne diesen Mann." Er zeigt auf die Skulptur: „Wir haben zusammen in der Werft gearbeitet. Und weißt du, als die 1983 geschlossen wurde, ist der Kollege trotzdem noch jeden Morgen mit dem Fahrrad ganz bis Gröpelingen gefahren, um hier sein Frühstücksbrot zu essen. Er wollte einfach nicht glauben, dass sie die Werft geschlossen haben." Ein kurzes Winken und er geht weiter.

„Die Skulptur ist heute ein Ort zum Sitzen, Reden, Kürbiskerne knacken, ein Ort zum Geschichten erzählen und sich die Zeit vertreiben", meint Kathrin Wischnath. Und doch ein Ort mit einer traurigen Geschichte. Die Arbeiter versuchten damals mit all ihren Möglichkeiten, die Werft zu erhalten. Die AG Weser bedeutete die Sicherung tausender Existenzen. Von einem Tag auf den anderen war es vorbei, der Kampf verloren.

„Das Brecht-Zitat wurde nach der Schließung der Werft angebracht", ergänzt Kathrin Wischnath. „Es heißt, dass die Werftarbeiter die Gedenkplatte damals einfach selbst verlegt haben." Kein Bauantrag, nichts Offizielles. „Die Arbeiter waren fassungslos über die Schließung ihrer Werft – und haben die Platte in einer Nacht- und Nebelaktion einfach in den Boden eingelassen." Und da ist und bleibt sie – bis heute. Für Kathrin Wischnath passt diese eigenmächtige Aktion ausgesprochen gut zu der bewegten Geschichte ihres Einwanderungsstadtteils. „Viele Menschen sind genau deshalb hier: weil sie nicht aufhören zu kämpfen – ob in aussichtslos erscheinenden Situationen in ihren Herkunftsländern oder auf der Flucht."

***„Das Brecht-Zitat wurde nach der Schließung der Werft angebracht. Es heißt, dass die Werftarbeiter die Gedenkplatte damals einfach selbst verlegt haben."***

Oder auch auf der Suche nach einem Ort, an dem sie in Frieden und Gemeinschaft leben und arbeiten können. Wie der Passant, der für seine Tätigkeit auf der Werft damals aus Izmir kam, schon ganz zu Beginn klargestellt hat: Der Mann mit der Aktentasche auf dem Weg zur Schicht ist auf jeden Fall einer von ihnen – den Menschen aus Gröpelingen.

## *So geht's zum Brecht-Zitat:*

*Die Skulptur „Zur Schicht" mit dem am Boden eingelassenen Brecht-Zitat befindet sich in Bremen-Gröpelingen an der Ecke Lindenhofstraße / Dockstraße.*

*Jasmin Nitzschner steht inmitten der Turmruine.*

09

# Turmruine

## Nichts ist, wie es scheint

Ein mittelalterliches Relikt in Vegesack! Hat hier einmal eine echte Ritterburg gestanden? Kinder turnen auf der Ruine herum, spielen Burgfräulein und Ritter, andere tollen den Hügel hinunter. Es mutet irgendwie eigenartig an, denn so richtig passt das Bauwerk auf dem Grohner Berg nicht an diesen Ort. „Hier täuscht leider tatsächlich der Schein", sagt Jasmin Nitzschner lächelnd, „denn mit dem Mittelalter und einer echten Burgruine hat das hier gar nichts zu tun."

Nicht? Aber warum steht dieses täuschend echt wirkende Mauerwerk dann auf dem Hügel? „Man nennt es eine Staffage, das bedeutet in der Gartentechnik *Blickfang*", erläutert sie, „also ein Gebäude, das malerisch anmutet und in eine Gartenlandschaft integriert wird."

Dieser Turm wurde also einfach so zum Vergnügen und fürs Auge dort hingebaut? „So ist es", bestätigt die Stadtführerin. „Aber der Turm hat trotzdem eine Geschichte. Hinter dem alten Hafenspeicher lag früher das Privatgrundstück der bedeutenden Vegesacker Werftfamilie Johann Lange." Dessen Sohn, benannt nach seinem Vater Johann Lange (1804-1876), ließ das Areal um 1840 im Stil eines englischen Landschaftsgartens anlegen. „Es war damals tatsächlich eine Modeerscheinung, in den Parkanlagen künstliche Ruinen als Blickfang zu bauen", erklärt Jasmin Nitzschner. Sie holt aus ihrer Tasche ein Schreiben, zeigt auf einen Ausschnitt vom Landesamt für Denkmalpflege in Bremen und zitiert: „Sie, also die Ruinen, waren emotionale Stimmungsträger, die den Betrachter an den Verfall und die Vergänglichkeit des Daseins erinnern und ihn in melancholische Stimmung versetzen sollten." Jasmin Nitzschner verrät weiter, dass in dem Park vermutlich mehrere dieser künstlichen Bauten errichtet worden waren. „Heute ist aber nur noch diese zweigeschossige Turmruine im neogotischen Stil vorhanden."

Obwohl das künstliche Gemäuer keinen echten Angriffen bei Kampfhandlungen ausgesetzt war, hat es doch mit einigen Widrigkeiten zu kämpfen gehabt. „Es war der Zahn der Zeit, der dem Turm zugesetzt hat", meint Jasmin Nitzschner. Ungehinderter Wassereintritt über die Jahre ließ das Steinmaterial durchfeuchten, sodass eine Grundsanierung notwendig war, um das Bauwerk zu erhalten. Unter Einbindung öffentlicher Fördermittel wurde die Turmruine saniert und steht seit 2012 unter Denkmalschutz.

Heute gehört das Relikt zu einem Areal eines Kinder- und Familienzentrums und steht inmitten eines Spielplatzes. „Jetzt können hier die Kinder eben Ritter und Burgfräulein spielen", sagt Jasmin Nitzschner, „oder im Winter ganz unritterlich mit Schlitten den Hügel hinuntersausen." Die Turmruine wird Letzteres nicht stören, sie hat schließlich nie Ritter beherbergt.

### *So geht's zur Turmruine:*

*Die Turmruine befindet sich an der Friedrich-Klippert-Straße 5. Am Wochenende kann das Bauwerk betreten werden, unter der Woche ist es nur von der Straße aus zu sehen.*

*Das cremefarbene Haus im Ostertorsteinweg hatte einst einen prominenten Bewohner.*

10

# Genscher-Haus

## Unverhoffte Nachbarschaft

„Ich habe es wirklich nicht gewusst“, sagt Sönke Schöttler mit einem Kopfschütteln. Das cremefarbene Haus mit der schlichten Fassade birgt nämlich ein Geheimnis. Und was für eines! Um ebenjenes zu erkunden, geht es zurück ins Jahr 2016 und zwar genau zum 31. März. Sönke Schöttler spazierte durch den Ostertorsteinweg in seiner Nachbarschaft, als eine Frau genau vor diesem Haus eine Kerze abstellte. Neugierig steuerte er darauf zu, fragte nach und erfuhr, was ihm bis dato völlig unbekannt war. „Hier hat doch Herr Genscher gelebt und der ist heute gestorben. Er hat in Bremen seine Karriere gestartet“, antwortete die Frau. „Da war ich doch erstaunt und wollte wissen, ob das wirklich stimmt“, sagt Schöttler, lächelt dann aber verschmitzt: „Wenn man tatsächlich eine solch prominente Nachbarschaft hatte, sollte man sich einmal damit beschäftigen, und so habe ich mich kundig gemacht.“

Dabei ist dem Stadtführer aufgefallen, dass über Genschers Zeit als Anwalt in Bremen nur wenig bekannt ist und die Angaben bei einem einschlägigen Internet-Lexikon sogar unvollständig sind. Die Zeit in Bremen-Nord wird unterschlagen und der Kanzlei in der Marktstraße angerechnet. „Das ist aber nicht richtig!", bekräftigt Sönke Schöttler. Er ließ nicht locker, wollte mehr über den prominenten Nachbarn und seine Zeit in Bremen erfahren und wurde fündig. „Es war gar nicht so einfach", gibt er zu, „aber genau diese Details herauszufinden, das macht Spaß."

Hans-Dietrich Genscher wird 1927 in Reideburg, heute Ortsteil von Halle, geboren und stirbt 2016 in Pech bei Bonn. Er gehört wohl zu den bekanntesten Politikern der Bundesrepublik Deutschland und war darüber hinaus auch sehr beliebt. „Außerdem war er der am längsten amtierende Bundesminister, den die Bundesrepublik je hatte", ergänzt Sönke Schöttler. Die Höhepunkte von Genschers Karriere sind vielfältig. Er ist nicht nur Außenminister, sondern auch Vizekanzler unter Helmut Schmidt (1918-2015) und später unter Helmut Kohl (1930-2017) und nimmt als Bundesvorsitzender der FDP in den Jahren 1974 bis 1985 großen Einfluss auf die Geschicke der Partei. Unvergessen sind sein gelber Pullunder, den er oft als Wahrzeichen der FDP-Farben trägt, und seine berühmte Balkonrede am 30. September 1989 in Prag, wo er mehreren Tausend Menschen aus der DDR die Ausreise zusagt. „Und dieser Mann hat in Bremen gelebt und gewirkt, und von hier hat er seine Karriere gestartet!", sagt Sönke Schöttler stolz.

***„Und dieser Mann hat in Bremen gelebt und gewirkt, und von hier hat er seine Karriere gestartet!"***

Ein weiterer Blick auf Genschers Leben, nun mit dem Fokus auf die Hansestadt: Er studiert von 1946 bis 1949 Rechtswissenschaften und Volkswirtschaftslehre an der Martin-Luther-Universität in Wittenberg und an der Universität Leipzig. Anschließend ist er bis 1952 als Referendar beim Amtsgericht im Oberlandesgerichtsbezirk Halle tätig. Danach geht Genscher nach Westdeutschland, arbeitet als Referendar beim Hanseatischen Oberlandesgericht Bremen und legt 1954 das zweite juristische Staatsexamen in Hamburg ab. „Weil mir Informationen fehlten, habe ich mit dem Senator a.D. Claus Jäger gesprochen", so Sönke Schöttler weiter. „Demnach hatte Genscher mit einem Rechtsanwalt Kuhlmann eine gemeinsame Kanzlei in Bremen-Nord." Später ist er in der Anwaltskanzlei Dr. Frick, Büsing, Genscher und Dr. Müffelmann in Bremen, Marktstraße 3, tätig.

***„Auf Vermittlung des Bremer FDP-Vorsitzenden Eugen Schade wurde Genscher 1956 wissenschaftlicher Assistent der FDP-Bundestagsfraktion in Bonn."***

„Auf Vermittlung des Bremer FDP-Vorsitzenden Eugen Schade wurde Genscher 1956 wissenschaftlicher Assistent der FDP-Bundestagsfraktion in Bonn", schildert Sönke Schöttler Genschers Weg vom Anwalt zum Politiker. Von 1965 bis 1998 ist Genscher Mitglied des Deutschen Bundestages, 1969 wird er Bundesinnenminister und hat von 1974 bis 1992 das Amt des Bundesaußenministers inne.

Er lebte tatsächlich mehrere Jahre im Ostertorsteinweg 90 in Bremen Ostertor und hat in der Innenstadt als Anwalt gearbeitet. Da glaubt man seine Nachbarn zu kennen – und wird doch stets aufs Neue überrascht!

## *So geht's zum Genscher-Haus:*

*Das ehemalige Wohnhaus von Hans-Dietrich Genscher liegt im Ostertorsteinweg 90 in Bremen Ostertor. Es handelt sich um das cremefarbene Haus.*

11

# Vermessungspunkt

## Was Bremen mit Gauß zu tun hat

Von diesem Punkt aus wurde einst die Welt vermessen! Und damit handelt es sich um einen ausgesprochen bedeutsamen Fleck Erde. Jedoch spazieren die allermeisten einfach achtlos über ihn hinweg. Kein Wunder, er ist auch ziemlich unscheinbar: Zu sehen ist nur eine Metallplatte. Doch es gibt auch Menschen, die laufen mitnichten einfach nur über die Platte hinweg, sondern können im Gegenteil eine ausgesprochen spannende Geschichte dazu erzählen. Einer von ihnen ist Arthur Zapf.

Bevor er sich dem Vermessungspunkt und dem Mann widmet, der damit zu tun hat – Carl Friedrich Gauß – muss er aber in der Geschichte zurückgehen und erzählen, warum ausgerechnet dieser Ort als Vermessungspunkt geeignet war. Das nämlich hat mit dem Gebäude zu tun, das einst hier stand: die Ansgarikirche. Und die hatte, vor ihrer Zerstörung im Zweiten Weltkrieg, mit 112 Metern den höchsten Kirchturm von Bremen. Sie ist benannt nach Ansgar, der Bischof in Hamburg war, dort vor den Wikingern floh und das Bistum nach Bremen brachte. Seitdem ist die Hansestadt Erzbistum.

Arthur Zapf erzählt dazu eine kleine Geschichte: „In einem Seitentrakt des Gebäudes wurde die erste protestantische Predigt von Heinrich von Zütphen gehalten. Er war Glaubensbruder Luthers, lernte aber in den Niederlanden auch den Calvinismus kennen und hielt auf Wunsch der Bürger Bremens diese Predigt. Das kam jedoch überhaupt nicht gut an. Er wurde anschließend aus der Stadt vertrieben und später in Heide als Ketzer auf dem Scheiterhaufen verbrannt."

Hier also stand der höchste Kirchturm Bremens mit einer Kirche von beträchtlicher religiöser Bedeutung. Aber was hat das mit der Vermessung zu tun? Arthur Zapf kann aufklären: „Dieser Turm diente Gauß als trigonometrischer Vermessungspunkt. Er überragte den Turm des Doms um 14 Meter, denn der misst nur eine Höhe von 98 Metern."

*Arthur Zapf steht neben dem Gauß'schen Vermessungspunkt.*

Sogar in der Gestaltung des alten 10-DM-Scheins habe sich das niedergeschlagen: „Neben dem Konterfei von Gauß ist dort die Vermessungskurve zu sehen, auf der Rückseite das Instrument, das er dazu entwickelt hat, rechts daneben der Vermessungspunkt – und dort ist Bremen vermerkt. Übrigens neben Helgoland, Borkum, Bremerhaven und anderen Orten."

Carl Friedrich Gauß (1777-1855) wurde im April 1777 in Brauschweig geboren, studierte an der Universität Göttingen und galt als hervorragender Mathematiker. Er war zudem Statistiker, Astronom und Physiker. Ein Betätigungsfeld des vielseitigen Mannes war die Landvermessung, denn nach Ende der Napoleonischen Kriege musste das Königreich Hannover wegen Verschiebungen der Landesgrenzen neu vermessen werden. Georg IV. (1762-1830), König von Großbritannien und Hannover, erteilte ihm den Auftrag dazu.

*Früher befand sich hier ein wichtiger Vermessungspunkt. Heute erinnert daran nur noch eine Platte im Boden.*

Gauß lehrte zu der Zeit als Professor an der Universität in Göttingen und war zugleich Leiter der Sternwarte. „Er hat ein ausgeklügeltes System entwickelt, um seine Vermessungen durchzuführen", berichtet Arthur Zapf. „Damit war er genauer als andere zuvor. Und hier hat er sich den Kirchturm zunutze gemacht." Der Mathematiker verwendete Landmarken, wie eben jenen Kirchturm, um von dort aus weitere Stationen anpeilen zu können. Aus den so gewonnen Daten konnte Gauß mittels trigonometrischer Formeln die Wegstrecke zwischen den jeweiligen Vermessungspunkten bestimmen.

Nun gilt es noch die letzte Frage zu klären: Warum steht die Kirche samt Turm nicht mehr? „Das ist eine ungewöhnliche Geschichte", bemerkt Arthur Zapf. „Vom Turm der Kirche wurden stets für wichtige Gäste der Stadt Salutschüsse abgegeben. Dadurch bekam er schwere Risse und musste mit Stahlbändern gesichert werden." Der Turm hatte zwar das Glück, im Zweiten Weltkrieg nicht getroffen zu werden, aber durch die Bombardierung der Umgebung stürzte der durch die Salutschüsse ohnehin schon geschwächte Turm schließlich ein und begrub die Kirche unter sich. „Die Reste wurden dann abgerissen und man baute an der Hollerallee in Schwachhausen das heutige Gotteshaus", erzählt Zapf die traurige Geschichte zu Ende.

***„Ringsum gab es große Bombenschäden, sodass der Turm schließlich einstürzte und auch die Kirche unter sich begrub."***

So bleibt auf dem einstigen Kirchhof nur noch die Messingplatte, die einen Hinweis gibt, welch große Bedeutung dieser Ort für die Geschichte der Landesvermessung hat. Im Boden eingelassen, verschweigt sie allerdings, dass sich der besondere Punkt einst auf dem höchsten Turm der Stadt befand.

## *So geht's zum Vermessungspunkt:*

*Die Metallplatte liegt in der Bremer Altstadt im Kirchhof der Ansgari Kirche an der Obernstraße am Bremer Carré.*

12

# Armillarsphäre

## Auf das Zentrum kommt es an

Dass die Erde um die Sonne kreist, ist kein Geheimnis. Doch es gibt etwas, das genau mit dieser Tatsache zu tun hat und durchaus rätselhaft ist. Es befindet sich auf dem Neuen Rathaus. Um es zu entdecken, muss man ein Fernglas mitnehmen und ganz genau hinsehen. Dieses Geheimnis hat einen Namen: Armillarsphäre. Das ist ein altes astronomisches Gerät, ein Himmelsglobus, mit dem sich die Bewegung von Himmelskörpern darstellen lässt. Was ja an sich schon geheimnisvoll genug wäre. Doch mit dieser Armillarsphäre auf dem Bremer Rathaus, die übrigens der Künstler Georg Eduard Roemer (1868–1922) erschaffen hat, hat es eine ganz besondere Bewandtnis. Was für eine, kann Norma Holthusen erzählen. Sie bietet neben klassischen Führungen auch den sogenannten „Astrowalk“ an und ist auf diesem Gebiet äußerst kundig.

Mustert man dieses Weltmodell genau – es wird von zwei Nymphen getragen – wird deutlich, dass es kein ganz klares Weltbild vermittelt. „Um diese spezielle Armillarsphäre zu verstehen, müssen wir ein bisschen in die Geschichte eintauchen“, erklärt Norma Holthusen. „Heute wissen wir dank Kopernikus und Galileo Galilei, dass die Erde um die Sonne kreist. Dieses Wissen musste sich allerdings erst einmal durchsetzen.“

Die Geschichte der Armillarsphäre beginne bereits bei den Griechen. Ihnen war damals schon klar, dass die Erde keine Scheibe ist, und ihnen war bewusst, dass sich kosmische Ereignisse in einem bestimmten Rhythmus wiederholen. Tag und Nacht. Die Jahreszeiten. Sternbilder. Die Mondphasen. Doch die Griechen waren der Ansicht, die Erde sei das Zentrum, um das alle Himmelskörper kreisen. Um das zu veranschaulichen, erschufen sie das Modell der Armillarsphäre. In diesem Himmels-Modell erkennt der Betrachter einen Nordpol und Südpol sowie einen Äquator als Fixpunkte, während sich die Ekliptik bewegt.

*Um die Details der Armillarsphäre zu erkennen, lohnt es sich, ein Fernglas mitzunehmen.*

Die typischen Armillarsphären zeigen also das *Ptolemäische Weltbild* mit der Erde als Zentrum. Laut dem Planetarium Bremen werden Armillarsphären auch heute noch im Unterricht verwendet, um die komplexen Bewegungen der Himmelskörper zu verdeutlichen.

„Dass die Erde aber nicht das Zentrum ist, hat als erster Wissenschaftler Nikolaus Kopernikus herausgefunden“, berichtet Norma Holthusen weiter. „Er lebte von 1473 bis 1543 und erkannte, dass die Planeten um die Sonne kreisen und diese den Mittelpunkt des Systems bildet. Er hatte also ein vollkommen anderes Weltbild vor Augen.“ Kopernikus wusste, dass die katholische Kirche ihn als Ketzer anklagen würde, sollte er diese Erkenntnis publik machen. „Deshalb hat er seine Schriften auch erst kurz vor seinem Tod veröffentlicht“, sagt sie und fährt fort: „Galileo Galilei hat die Überlegungen von Kopernikus aufgegriffen, in seinem Sinne weiter geforscht und das *heliozentrische Weltbild* bestätigt.“

*Auf dem Rathaus befindet sich eine geheimnisvolle Kugel.*

Um der katholischen Kirche zu entkommen, habe er seine Schriften in den Niederlanden veröffentlichten lassen. „Denn dort herrschte der Calvinismus, der sich für diese Erkenntnisse wesentlich offener zeigte“, erläutert Norma Holthusen. Trotzdem wurde Galileo Galilei 1633 als Ketzer angeklagt und zum Widerruf gezwungen. Er bekam lebenslangen Hausarrest und wurde aus der Kirche ausgeschlossen. „Der wirkliche Skandal liegt eigentlich darin, dass er erst 1992 von Papst Johannes

Paul II. als Oberhaupt der katholischen Kirche rehabilitiert wurde", sagt die Gästeführerin. Erstaunlich, was ein unzutreffendes Weltbild anrichten kann!

Was aber zeigt uns der Bremer Himmelsglobus genau? Ist es die typische Armillarsphäre der Griechen? „Nicht ganz", Norma Holthusen deutet nach oben, „und eben das ist das kleine Geheimnis dahinter." Mit einem Fernglas deutlich erkennbar ist die Ekliptik mit den beiden Tierkreiszeichen Steinbock und Schütze. Außerdem sind Ringe zu sehen, die den Horizont darstellen. Und im Inneren befinden sich weitere Ringe um eine große Kugel herum, daran sind wieder Kugeln angebracht. Die große Kugel steht für die Sonne, die kleineren für Planeten. „Das zeigt eigentlich eher das Weltbild von Kopernikus und nicht das der alten Griechen", räumt sie ein. „Da aber die Planeten Uranus, Neptun und Pluto fehlen und auch andere Details nicht ganz stimmig sind, liegt die Vermutung nahe, dass es sich nur um eine symbolische Darstellung des Himmels handeln kann, in der sowohl Motive aus der Antike eingearbeitet sind als auch moderne Erkenntnisse."

***„Die Vermutung liegt nahe, dass es sich nur um eine symbolische Darstellung des Himmels handeln kann."***

Bei der Armillarsphäre auf dem Neuen Rathaus handelt es sich folglich um ein Kunstobjekt, das die Geschichte der Astronomie auf seine eigene Art erzählt. Eine wirklich spannende Darstellung, wenn man bedenkt, dass es Zeiten gab, in denen das von der römischen Kirche vertretene ptolemäische Weltbild nicht hinterfragen durfte, wer nicht um sein Leben fürchten wollte.

### *So geht's zur Armillarsphäre:*

*Die Armillarsphäre befindet sich auf dem Giebel des Neuen Rathauses, Domshof 1, an der Seite zum Domshof. Mit einem Fern- oder Opernglas kann man die Feinheiten erkennen.*

13

# Ankerreliefs

## Kapitänshäuser mit Geschichte

Anker wecken die Sehnsucht nach dem Meer. Und manchmal würden sie, wenn sie der Sprache mächtig wären, auch viele Geschichten erzählen. Von der Seefahrt und vom Handel früherer Zeiten, vielleicht auch von Piraten. Da Anker aber erwiesenermaßen eben nicht sprechen können, brauchen sie jemanden, der ihnen seine Stimme leiht. Thomas Begerow macht das gern. Zumindest hinsichtlich der beiden Stuckanker in der Weserstraße. Denn der ehemalige Vegesacker hat die Geschichte recherchiert, die hinter den beiden Reliefs steckt. „Vegesack liegt mir sehr am Herzen, darum habe ich auch meine Magisterarbeit zur Sozialgeschichte des Ortes geschrieben", sagt der Historiker. Und dabei wurde er auf die Anker aufmerksam. „Man läuft an den beiden Häusern, an denen sie angebracht sind, schnell vorbei, weil man eher auf die prachtvollen Villen auf der anderen Straßenseite achtet."

Nicht nur die ankerverzierten Gebäude, sondern die meisten Häuser in der Weserstraße haben eine spannende Geschichte, die eng mit der maritim geprägten Vergangenheit des Ortes verbunden ist: Denn Vegesack entwickelte sich seit dem frühen 19. Jahrhundert zum beliebtesten Wohnort für bremische Schiffskapitäne. Die Herren der Seefahrt bauten sich ihre Häuser vor allem am heutigen Wilmannsberg, der Jaburgstraße und der Weserstraße. Auf dem hohen Weserufer ließen sich auch einige bremische Kaufleute ihre Sommersitze errichten, während gegenüberliegend die Schiffskapitäne wohnten. Seitdem wird die eine Straßenseite scherzhaft „Butterseite" genannt, weil die Grundstücke auf dem hohen Weserufer einen weiten Blick ins Oldenburger Land und auf den Strom haben, und die andere Seite ohne Blick bekam den Namen „Margarineseite". Die beiden Häuser mit den Ankern auf dem Giebel liegen auf der „Margarineseite". „Es hatte auch Vorteile, sich für diese Seite zu entscheiden", versichert Thomas Begerow: „Bevor der Lauf des Flusses durch die Vertiefung und

*Das Ankerrelief kündet von einer spannenden Geschichte.*

damals so genannte Weserkorrektion um 1890 in den heutigen Zustand versetzt wurde, hat der Fluss immer wieder Teile vom hohen Ufer mitgerissen, sodass auch Gärten betroffen waren, die dann abgerutscht sind. Der Weserblick hat also nicht alles aufgewogen." Thomas Begerow fährt fort: „Hier haben bekannte Kapitänsfamilien gewohnt. Und die haben lieber auf der sicheren Margarineseite gebaut. Den Blick aufs Wasser kannten sie ja zur Genüge."

Aber warum lebten die Kapitäne hier in Vegesack und nicht in Bremerhaven oder der Bremer Innenstadt? „Die Blütezeit Vegesacks war zwischen 1830 und 1860, bevor sich die Schifffahrt von der Segel- zur Dampfschifffahrt gewandelt hat. Als Schiffskapitän, der unter Bremer Flagge segelte, musste man Bremer Bürger sein. Der Erwerb des Bürgerrechts war in der bremischen Exklave Vegesack günstiger als in der Stadt Bremen", erklärt Begerow. „Außerdem galt das 1827 neu gegründete Bremerhaven damals noch allein schon des schlechten Trinkwassers wegen als keine gute Wohngegend. So kam es, dass sich immer mehr Kapitäne hier im beschaulichen Vegesack ansiedelten." Um 1860 segelten ungefähr 300 Schiffe unter der Bremer Speckflagge – die umgangssprachliche Bezeichnung der Bremischen Flagge –, und etwa zwei Drittel der Kapitäne wohnten in Vegesack. Einer von ihnen war Diedrich Schilling. „Er übernahm das noch unbebaute Grundstück 1850 von Kapitän Claus Ruyter, der seit etwa 1830 direkt nebenan in der Nummer 25 wohnte." Diedrich Schilling (1820-1888) heiratete 1845 Ruyters älteste Tochter Margarethe Lucie. „Dass sich die Kinder von Seefahrerfamilien untereinander

*Das Ankerrelief des Hauses der Familie Schilling.*

vermählten, war üblich, da blieb man fein unter sich. Wenn zum Beispiel ein Steuermann eine Kapitänstochter zur Frau nahm, bekam er vom Schwiegervater oftmals das Kommando über sein Schiff dazu." So war für die junge Familie gesorgt. Der alte Kapitän übernahm ein anderes Schiff oder suchte sich eine weniger kräftezehrende Tätigkeit an Land.

Beide Kapitäne waren nach Angaben von Thomas Begerow sehr erfolgreich. Ruyter fuhr für die Reederei W. A. Fritze & Co überwiegend nach Kuba, von wo aus er Tabak nach Bremen importierte. Sein Reeder Wilhelm August Fritze (1781-1850) war übrigens der erste Bremer Kaufmann, der sich 1827 auf dem hohen Weserufer einen Sommersitz errichten ließ. Claus Ruyter (1789-1869) war zweimal verheiratet. Aus der ersten Ehe entstammt ein Sohn, Fritz, der ebenfalls Kapitän wurde. Nach dem Suizid seiner ersten Frau, die in der Weser ertrunken ist, hat er deren jüngere Schwester geheiratet und mit ihr noch fünf Mädchen bekommen, von denen die Älteste dann, wie oben erwähnt, Diedrich Schilling ehelichte. Auch die jüngeren Ruyter-Schwestern haben Vegesacker Schiffskapitäne geheiratet.

*Die Kapitänshäuser in der Weserstraße kommen schmuck daher.*

„Die Chronik der Familie Schilling ist aber besonders spannend", sagt Thomas Begerow. „Diedrich Schilling senior wurde nämlich auch *The flying Schilling* genannt, weil er mit seinem Schiff *Orpheus* bei den Reisen über den Atlantik besonders schnell war – und damit bei den Amerika-Auswanderern sehr beliebt." Denn die Reisen von Bremerhaven nach New York konnten bei schlechtem Wind über einen Monat dauern. Schilling blieb jedoch nicht sein ganzes Leben lang Kapitän, die Seefahrt zehrte an seinen Kräften, und daher gründete er 1864 eine eigene

Reederei und zog nach Bremen um. Er importierte als einer der ersten Kaufleute unter anderem Petroleum aus den USA nach Bremerhaven und erwarb später das Landgut Falkenberg bei Ganderkesee. Außerdem war er Oberalter des Hauses Seefahrt und damit auch Schaffer.

Als sich die Schifffahrt vom Segel- zum Dampfbetrieb wandelte, änderten sich die Anforderungen und Tätigkeiten an Bord der Schiffe. „Viele Kapitäne waren aber nicht bereit, sich zu verändern, und lehnten es ab, das Kommando eines ‚Stinkerkastens' zu übernehmen", erklärt Thomas Begerow. Außerdem waren Dampfschiffe schwerer zu finanzieren als Segelschiffe, deren Eigentümer oft in der Partenreederei genossenschaftlich organisiert waren. Das bedeutet: Neben dem korrespondierenden Kaufmann und verschiedenen anderen Anteilseignern hielt der Kapitän oftmals den größten Anteil an seinem Schiff und profitierte auch anteilsmäßig von den Gewinnen, die ein Schiff mit seiner Fracht erzielte.

„Zahlreiche Kapitäne oder deren Söhne sind nach 1870 in die USA gegangen, wohin sie zuvor so viele Auswanderer gebracht hatten, und fanden dort neue Betätigungsfelder", schildert der gebürtige Vegesacker. Die Voraussetzungen waren perfekt. Aufgrund der regelmäßigen Reisen und der bereits geknüpften Kontak-te vor Ort kannte man sich bestens in Nordamerika aus. Englische Sprachkenntnisse waren für Kapitäne ohnehin eine Voraussetzung, um in den überseeischen Häfen für den Kaufmannsreeder gute Entscheidungen treffen zu können. So emigrierten drei von Diedrich Schillings Söhnen nach Kalifornien. Der älteste Sohn Claus knüpfte Kontakte zu Winzern im Napa Valley und exportierte kalifornischen Wein nach Bremen. Sein Bruder August Schilling zog gemeinsam mit einem Geschäftspartner aus Bremen in San Francisco die Gewürzfirma *A. Schilling & Co* auf und wurde aufgrund seines geschäftlichen Erfolgs „Spice King of California" genannt. Diedrich Schilling junior war das schwarze Schaf der Familie, er organisierte in Kalifornien Rodeos. Der jüngste Sohn Martin blieb dagegen in Bremen und war

***„Zahlreiche Kapitäne oder deren Söhne sind nach 1870 in die USA gegangen, wohin sie zuvor so viele Auswanderer gebracht hatten, und fanden dort neue Betätigungsfelder."***

hier im Kaffeeimport aktiv. Er gründete auf dem Teerhof, der innerstädtischen Weserinsel zwischen Alt- und Neustadt, auf der sich zahlreiche Packhäuser befanden, die bekannte Firma *Kaffee Schilling & Co* (heute Weserburg, Museum für moderne Kunst).

Ja, wenn die Anker auf den Häusern der beiden tüchtigen Kapitäne reden könnten – sie hätten viel zu erzählen von den abwechslungsreichen Biografien ihrer Erbauer. So aber hat das Thomas Begerow für sie erledigt – und seine Sache ziemlich gut gemacht. „Anker sind Symbole für Sicherheit und Halt, aber auch für Hoffnung. Und das war für die Seefahrer, die sich den Naturgewalten ergeben haben, sehr wichtig", stellt er abschließend fest.

***„Anker sind Symbole für Sicherheit und Halt, aber auch für Hoffnung. Und das war für die Seefahrer, die sich den Naturgewalten ergeben haben, sehr wichtig."***

Übrigens: Im Haus Nummer 27a mit dem einzelnen Anker, den hübschen, grün gestrichenen Fensterrahmen und den Fenstersprossen aus Vegesacker Eisenguss wohnte über viele Jahre der Schiffskapitän Oscar Stange, der als Lehrer an der von 1878 bis 1904 bestehenden preußischen Navigationsvorschule im benachbarten Grohn tätig war. Aber das ist schon wieder eine andere Geschichte.

### *So geht's zu den Ankerreliefs:*

*Die beiden Kapitänshäuser mit den Ankerreliefs befinden sich in Vegesack in der Weserstraße 24 und 27a.*

*Peter Strotmann weist auf die geheimnisvolle Glocke.*

14

# Glockenstein

## Die versteckte Inschrift

„Ist ja ein bisschen weit draußen", sagt Peter Strotmann entschuldigend, „aber Seehausen mit seinem Ortsteil Hasenbüren gehört auch zu Bremen." Der Weg dorthin lohnt auf jeden Fall. Und das nicht nur wegen des Geheimnisses, das Strotmann hier lüften will. Seehausen liegt im Nordwesten der Stadt direkt an der Weser. Auf der anderen Flussseite befinden sich die Industriehäfen und das Stahlwerk. Obwohl die Idylle dadurch ein bisschen getrübt wird, haftet der Ortschaft noch immer ein wunderbarer Charme an. Reetdachhäuser, teils in Fachwerkoptik, schmale Straßen und die Nähe zur Weser sprechen für sich. Und ein mächtiger Sandstein am Straßenrand.

Er ist kreisrund, graurot hat einen Durchmesser von 1,5 Metern und eine Stärke zwischen 26 und 34 Zentimetern. Obendrein bringt er 800 Kilogramm auf die Waage. Peter Strotmann weiß, dass das mächtige Gebilde auch schon einen Umzug hinter sich hat: „Früher stand der Stein an der Sandseite von Hasenbüren am Weserufer, dem sogenannten Löschplatz", fährt er fort. „Hier fand ein lebhafter Handel statt zwischen Teufelsmoorbauern, die Torf als Brennmaterial brachten, und den Marschbauern von Hasenbüren und Umgebung, die landwirtschaftliche Erzeugnisse anboten. Gleichzeitig war der Löschplatz ein Badestrand. 1929 lief der Glockenstein Gefahr, in der Weser zu versinken. Deshalb wurde er auf das erhöhte Außendeichsland gebracht." Interessant sind die Inschriften auf der Vorder- und Rückseite, wenngleich sie nur noch schwer zu erkennen sind. Auf der Vorderseite ist zudem eine Glocke reliefartig ausgemeißelt. „1774 hat der Ingenieurkapitän Schilling eine Skizze angefertigt", sagt Peter Strotmann. „Seinerzeit will er die Jahreszahl 1357 und darunter den Rest des Schlüssels aus dem Bremer Wappen erkannt haben." Und so ranken sich um die Herkunft des Glockensteins allerlei Geschichten.

***„Hier fand ein lebhafter Handel statt zwischen Teufelsmoorbauern, die Torf als Brennmaterial brachten, und den Marschbauern von Hasenbüren und Umgebung, die landwirtschaftliche Erzeugnisse anboten."***

Peter Strotmann kennt sie alle: „Mal soll es ein Mühlstein oder Brunnendeckel gewesen sein, der auf einer Eisscholle über die Weser treibend in Hasenbüren anlandete, ein anderes Mal hielt man ihn für einen heidnischen Kultstein." Seit 1973 steht der Glockenstein als Einzeldenkmal unter Bremer Denkmalschutz.

Peter Strotmann weist auf die Vorderseite – man muss wirklich ganz genau hinsehen – aber dann ist zu erkennen, welche Buchstaben dort geschrieben stehen. „Bei einer Ortsbesichtigung habe ich diese vermutlich bisher nicht bekannte eingemeißelte Inschrift auf der Glocke entdeckt", berichtet Peter Strotmann nicht ohne Stolz. „Es sind die griechischen Großbuchstaben Alpha und Omega zu erkennen, verbunden mit einem Jesus-Kreuz. Diese Buchstaben sind Symbole für Anfang und Ende."

Er umrundet den Stein wieder und weist auf die Rückseite, wo drei Zeilen in gotischer Minuskelschrift aus dem 14. Jahrhundert eingemeißelt sind. Da muss man allerdings noch genauer hinsehen. „Die zweite und dritte der verwitterten Zeilen sollen lauten: *domcapitels* und *thome*", fährt Peter Strotmann fort. „Das würde zu einer Urkunde vom 19. März 1582 passen, die im Bremer Staatsarchiv verwahrt wird."

Danach verpachtete nämlich das Domkapitel die Fischereirechte wegen des Glockensteins an Hasenbürener Fischer an diesem Weserabschnitt für vier Jahre. „Somit wäre der Glockenstein ein See- und Rechtswahrzeichen für die Fischerei im Bereich Hasenbüren." Er streicht versonnen über den Glockenstein. „Das Rätsel dürfte gelöst sein."

***„Somit wäre der Glockenstein ein See- und Rechtswahrzeichen für die Fischerei im Bereich Hasenbüren."***

Also kein Symbol für heidnische Riten und kein einfacher Mühlstein oder Brunnendeckel, sondern ein Relikt aus der Seefahrt und Fischerei – ganz wie es zu Bremen passt.

## *So geht's zum Glockenstein:*

*Der Glockenstein steht in Hasenbüren im Bremer Stadtteil Seehausen an der Straße Am Glockenstein, die von der Hasenbürener Straße ab- und wieder in diese zurückführt.*

*Arthur Zapf kennt den Hintergrund des Namens „Schwankhalle".*

15

# Schwankhalle

## Sehr zum Wohle!

Arthur Zapf kommt mit dem Fahrrad. Sein Ziel: die Schwankhalle. Dass die heute ein Theater mit demselben Namen beherbergt, ist kein Geheimnis, aber was hinter der Geschichte des Namens steckt, hört sich spannend an. Die hat nämlich rein gar nichts damit zu tun, dass in Theatern auch ab und zu der ein oder andere Schwank aufgeführt wird, sondern ist ein Hinweis auf die Historie dieses Areals. „Auf diesem Gelände befand sich früher die Remmer Brauerei und die Schwankhalle gehörte dazu", klärt der Stadtführer auf.

Die Brauerei ist also ein Meilenstein zu des Rätsels Lösung. „Dazu gibt es ein paar Abhandlungen, die ich mir genau angesehen habe", erklärt Arthur Zapf. Die Brauerei wurde 1824 am Schlüsselkorb 10 gegründet. Als Wilhelm Remmer junior den Betrieb 1877 übernahm, ging es stetig bergauf und Remmer avancierte im Laufe der Jahre zur größten Brauerei Bremens. „Ab 1881 war sie dann hier am Buntentorsteinweg 110/120 beheimatet", schildert der Bremer den weiteren Fortgang der Brauereigeschichte. „Schon zuvor entstand auch die erste Schankwirtschaft, in der das Remmer Bier ausgeschenkt wurde."

Bekannt war die Remmer Brauerei vor allem für ihren kräftigen und malzigen Gerstensaft, der laut Arthur Zapf heute ausschließlich als Seefahrtsbier zu den Schaffermahlzeiten gebraut und ausgeschenkt wird. Aus der Tradition des Abschiedsessens, das die Reeder und Kaufleute für ihre Kapitäne am Ende des Winters gaben, entwickelte sich im Lauf der Zeit eine echte Institution in Bremen, deren Erlöse der Stiftung „Haus Seefahrt" zugutekommen. Etwas hygienischer ist der Brauch aber auf jeden Fall geworden: Teilten sich früher alle Gäste einen Becher, hat jetzt jeder einen eigenen. Das Bier ist sehr klebrig und vitaminreich und war deshalb in früheren Zeiten ein gutes Nahrungsmittel für die Seeleute. „Die Braumeister trugen damals Lederhosen. Das Bier wurde auf Holzbänke gestrichen und der Braumeister setzte sich darauf. Blieb er kleben, war es genau richtig", wartet Arthur Zapf mit einer amüsanten Ankedote auf. 1917 wurde die Remmer Brauerei von der Kaiserbrauerei, später Beck & Co, aufgekauft, denn dem großen Unternehmen war es wichtig, „die Konkurrenz vom Markt zu haben", wie der Stadtführer mit einem Augenzwinkern erklärt. Das Remmer Bier gab es weiterhin. Genau wie den Bierausschank. Die Remmershallen galten als Tanz- und Vergnügungslokale schlechthin.

*Die Schwankhalle steht auf dem ehemaligen Gelände der Remmer Brauerei.*

„Ohne die Schwankhalle als wichtigen Teil der Brauerei wäre das alles nicht möglich gewesen, aber bevor ich erkläre warum, schließe ich die

Geschichte noch ab." Arthur Zapf weist auf das umliegende Areal: „Das ganze Gelände wurde nach dem Zweiten Weltkrieg als Abstellplatz für den Fuhrpark der Bremer Entsorgungsbetriebe gebraucht, aber wegen der kulturhistorischen Bedeutung blieben einige Gebäude der Brauerei erhalten." Der Gästeführer beschreibt die noch erhaltenen Bauten: „Schaut man von der Straße aus auf die Schwankhalle, liegt rechts das ehemalige Sudhaus, in dem sich seit den 1920er-Jahren Wohnungen befinden und heute auch ein Restaurant. In den Bauten hinter der Schwankhalle lag einst der alte Gär- und Lagerkeller. Dort haben sich heute die Städtische Galerie und die Musikerinitiative Bremen e.V. angesiedelt. Und vor uns steht die Schwankhalle mit dem Theater." Er lächelt. „Nun muss nur noch geklärt werden, woher die Schwankhalle ihren Namen hat." Er lüftet dieses Geheimnis tatsächlich erst am Ende seiner Ausführungen. „Die Schwankhalle heißt so, weil in diesem Gebäude die Fässer geschwenkt und gereinigt wurden. Ohne saubere Lagermöglichkeiten hätte es nicht genug Bier und deshalb auch die Remmershallen nicht gegeben." Also eine ganz einfache Erklärung für ein Gebäude mit langer und interessanter Geschichte.

***„Die Schwankhalle heißt so, weil in diesem Gebäude die Fässer geschwenkt und gereinigt wurden."***

## *So geht's zur Schwankhalle:*

*Die Schwankhalle steht im Buntentorsteinweg Nummer 112-116. Dort befinden sich alle noch erhaltenen Gebäude, die zur ehemaligen Remmer Brauerei gehört haben.*

16

# Spundwand

## Wenn Mauern Geschichten erzählen

Durch die Büsche ist in der Wand eine offene Tür zu erkennen. Eine Wand auf einem Deich mitten in der Landschaft: Wer in Bremen oder sonstwo am Wasser lebt, ahnt längst, dass es sich bei diesem Gebilde in Rablinghausen auf der Deichlinie zur Weser um eine Spundwand handelt. Warum aber braucht eine Spundwand eine Tür? Das hat auch Marita Filipowsky interessiert, die lange Zeit in Bremen gelebt hat und nun eigens aus ihrer neuen Heimat Berlin anreiste, um hier auf Spurensuche zu gehen. „Es war gar nicht so einfach, das herauszufinden, aber der Deichverband konnte mir schließlich weiterhelfen", sagt Marita Filipowsky. „Es handelt sich wohl um eine Kontrolltür, die als Fluchtweg aus dem Hafengebiet, aber auch als Zugang zur Inspektion und Instandhaltung genutzt wurde. Durch diese Tür konnten die Arbeiter schnell zum Vorfluter gelangen, ohne die gesamte Spundwand zurücklaufen zu müssen." Vorfluter werden als Schutz vor Überschwemmungen eingesetzt. In Rablinghausen handelt es sich um einen Entwässerungsgraben, der sich von Woltmershausen bis zum Neustädter Hafen zieht. Vom Vorfluter aus wirkt die mächtige Spundwand auf dem Deich dominant und auch ein bisschen furchteinflößend. „Hauptsache, die nächsten Fluten sehen es auch so", sagt die Stadtführerin.

Hinter der Spundwand liegt der Hafen. „Blicke ich heute von hier aus über das Hafenareal und lasse den Blick schweifen, ist es wirklich der Wahnsinn, wie wenig geblieben ist von tausend Jahren Hafengeschichte Bremen", kommentiert die Alt-Bremerin.

Was Marita Filipowsky von hier aus sieht, ist der Containerhafen. Um ihn zu bauen, musste das gesamte Dorf Lankenau von der Bildfläche verschwinden." Marita Filipowsky findet das ungemein traurig: „Immerhin lebten dort 300 Einwohner. Sie wurden enteignet und die Häuser samt dem beliebten Gasthaus Fährkrog abgerissen." Der Hafen entstand nachfolgend in mehreren Abschnitten. Als der Containerha-

*Marita Filipowsky schaut aus der Tür in der Spundwand.*

fen gebaut wurde, kam auch die Spundwand als Hochwasserschutz für das Umland hinzu. Schließlich hatten die Bremer mit Fluten schlimme Erfahrungen gemacht. Wie bitter nötig ein solcher Hochwasserschutz war, zeigt zum Beispiel die verheerende Sturmflut von 1962. Damals mussten die sogenannten „Pusdorfer“ – Bewohner aus Rablinghausen und Woltmershausen – evakuiert werden. „Ein neuer Deich, Spundwände und ein Sperrwerk am sogenannten Rablinghauser Vorfluter sollten danach Sicherheit schaffen“, erklärt Marita Filipowsky.

*Blick auf den Containerhafen.*

Heute wird am Hafen vor allem Stückgut umgeschlagen – und das Land vor Sturmfluten durch diese mächtige Spundwand samt Vorfluter und höheren Deichen geschützt. So hat alles ein Für und Wider. Was so ein Blick durch eine Tür zum Hafen alles offenbart!

## *So geht's zur Spundwand:*

*Um zur Spundwand und dem Vorfluter zu gelangen, die Rablinghauser Straße bis zum Ende durchfahren. Dort geht ein Weg nach links ab, dem man bis zum Vorfluter folgt. Es ist auch möglich, zuvor über eine Treppe zur Spundwand zu gelangen. Oder: Bus Linie 24 bis zur Endstation.*

*Norma Holthusen findet es ungemein spannend, wie eng Bremen mit der Raumfahrt verknüpft ist.*

17

# Raumstation

## Weltall statt Urlaubsflieger

Trolleyrollen, Urlaubsspaß und gute Laune! Ab in die Sonne, durchschnaufen und den Alltag hinter sich lassen. Das alles verbindet der Reisende mit dem Bremer Flughafen „Hans Koschnik". An was kein Mensch denkt, sind Space-Shuttles oder Raketen, schließlich will hier keiner auf den Mond oder den Mars fliegen, sondern in den Urlaub!

Trotzdem hängt im Obergeschoss der Abflughalle eine große Raumstation. Ins Weltall abdüsen kann man damit aber nicht – die Raumstation dient nur als Erinnerung an etwas, das vielen Bremern gar nicht bewusst ist, wie Stadtführerin Norma Holthusen erklärt, nämlich „dass Bremen ein Tor zum Weltraum ist." In der Hansestadt werden unter anderem kleinere Raketen, Raketenstufen, Satelliten,

Weltraumlabore und Roboter gefertigt. Auch das europäische Navigations-System Galileo kommt aus Bremen. „Die Raumstation im Flughafen hat einen Maßstab von 1:10", erklärt Norma Holthusen. „Würde sie in normaler Größe gezeigt, hätte sie die Ausmaße vom Weserstadion." Kaum vorstellbar, aber ungemein spannend.

Das Bremer Modell ist die kleinere Kopie einer Raumstation, die unsere Erde in circa 400 Kilometern Höhe umkreist und 90 Minuten für eine Erdumrundung braucht. In klaren Nächten ist sie am Nachthimmel sichtbar und der hellste Punkt, der sich dort bewegt. Diese Station ist bestückt mit mehreren Laboren aus verschiedenen Ländern. Eines davon ist das Columbus-Labor der Europäer – in Bremen gebaut. *ESA* steht in großen Buchstaben darauf. Ein letzter Blick zurück zum Modell der Raumstation: eine Kombination von Elementen aus aller Welt. Forschung im Weltall, die verbindet.

***„Die Raumstation im Flughafen hat einen Maßstab von 1:10. Würde sie in normaler Größe gezeigt, hätte sie die Ausmaße vom Weserstadion."***

Und so schwebt die Raumstation ein wenig verstaubt in der Abflughalle des Airports Bremen und verkürzt den Urlaubern beim Betrachten die Wartezeit. Schlussendlich wollen sie doch lieber weiter in die Sonne als zum Mond fliegen.

### *So geht's zur Raumstation:*

*Das Modell der Raumstation ist in der Abflughalle vom Airport Bremen im Obergeschoss auf der linken Seite zu finden.*

*Sie ist kaum zu erkennen, aber bei genauem Hinsehen kann man die Maus, auf die Pastor Henner Flügger deutet, entdecken.*

18

# Maus

## Das Böse mit den Füßen treten

Im Dom herrscht nach der Mittagsandacht Stille. Das ist auch gut so, denn es geht um eine Maus – und Mäuse sind ja bekanntlich scheu. Wobei diese hier in Stein gemeißelt ist und daher keine Chance hat, sich, sollte sie entdeckt werden, zu verstecken. Das kleine Tierchen in dem riesigen Gotteshaus zu finden, ist trotzdem ziemlich schwer. Es sei denn, man ist mit Pastor Henner Flügger unterwegs. Denn der weiß nicht nur genau, wo sie ist, sondern auch warum sie ist, wo sie ist. Um sie zu finden, muss der Besucher den gesamten Dom bis nach vorn zum Hochchor durchqueren. „Die beiden Portale rechts und links stammen aus dem 11. Jahrhundert", erklärt Pastor Flügger auf dem Weg zur Maus, „und sie waren einmal die Eingangsportale der alten Westfront."

Henner Flügger bleibt stehen und lächelt. „Beide Portale dienten früher als Eingänge vom Marktplatz. Und nun schauen Sie am rechten

Portal mal in Fußhöhe unten links." Tatsächlich, dort sitzt eine steinerne Maus, die bestimmt nicht erschrickt, wenn die Orgel spielt und der Gemeindegesang durch den Dom schallt.

„Das ist eine romanische Steinmetzmaus aus dem 11. Jahrhundert", stellt der Pastor das Tierchen vor. Unsere kleine Maus hat also schon ein paar Jahre auf dem Buckel und es scheint, als müsste die Lösung des Rätsels tatsächlich in der Vergangenheit gesucht werden.

„Um die Maus ranken sich seit jeher viele Geschichten", beginnt Henner Flügger zu erzählen, „aber nicht alle stimmen." Die erste besagt, dass das Wissen um den Sitz der Maus eine Prüfung für Handwerker auf der Walz sein sollte. Viele Arbeiter schmückten sich nämlich mit der Behauptung, im Bremer Dom gearbeitet zu haben. Konnten sie benennen, wo die Maus zu finden war, galt das als Beleg, dass sie wirklich die Ehre gehabt hatten, in dem bedeutenden Gotteshaus tätig gewesen zu sein.

*Die Maus klettert am alten Westportal des Doms hoch.*

Doch es gibt noch andere Deutungsversuche. In einer weiteren Geschichte wird behauptet, die Maus sei von nicht gerecht entlohnten Handwerkern dort angebracht worden. Frei nach dem Motto „arm wie eine Kirchenmaus".

„Aber das stimmt alles nicht", winkt Pastor Flügger ab. „Man muss es im Kontext der Zeit sehen und auch verstehen: Mäuse waren damals immer wieder eine furchtbare Plage." Und sie sind es bis heute. „Allein durch Kot und Urin, aber auch durch Fressschäden richteten sie immense Schäden an. „Weil sie sich explosionsartig vermehrten, ging man im Mittelalter von einer ungeschlechtlichen Fortpflanzung aus, und schon sind wir beim

Thema Hexerei und Teufelswerk.“ Eine kleine Maus als Teufelswerk, weil biologische Vorgänge nicht richtig gedeutet wurden? „So ist es“, bestätigt Henner Flügger, „die Maus galt damals als Symbol des Teufels und der finsteren Mächte.“

Aber was macht sie dann in Knöchelhöhe ausgerechnet am alten Westportal? Auch hier hat Pastor Flügger die Lösung parat:

„Diese Mäuse sind stets an den Westportalen zu finden, also der sonnenabgewandten Seite. An den Westtüren sind auch Tiere und Fratzen angebracht, die das Böse symbolisieren.“

Also ein mystischer Ansatz, der tatsächlich am meisten Sinn ergibt. „Wird aber diese Grenze überschritten, kann das Böse draußen gelassen werden. Hier endet sein Einfluss.“ Er ergänzt: „Dass die Maus im Fußbereich abgebildet ist, zeigt, dass das Böse mit Füßen getreten wird.“ Das wird auch als apotropäische Handlung bezeichnet. Das Wort stammt aus dem Altgriechischen und bedeutet „abwehrend“. Es ist ein Abwehrzauber, mit dem Unheil ferngehalten werden soll.

***„Dass die Maus im Fußbereich abgebildet ist, zeigt, dass das Böse mit Füßen getreten wird.“***

Noch ein letzter Blick zur Maus, die unverändert zahm und possierlich wirkt – und doch als Symbol des Bösen gesehen wird. Armes Tierchen.

## *So geht’s zur Maus:*

*Die Maus im Relief befindet sich im Hochchor des Bremer Doms am Westportal unten links.*

19

# Stadtmusikanten-Schild

## Esel, Hund, Katz‘ und Hahn

Bremen und die Bremer Stadtmusikanten sind untrennbar miteinander verbunden: Jeder kennt das Märchen von Esel, Hund, Katz‘ und Hahn, die auszogen, um ihr Glück zu finden, denn, wie es in *Grimms Märchen* so schön heißt, „Etwas Besseres als den Tod finden wir überall". So gesehen mutet es nicht besonders geheimnisvoll an, dass am heutigen Beck's Bistro in der Obernstraße am Deutschen Haus ein sogenanntes Nasenschild, auch Ausleger genannt, mit den vier Gesellen zu finden ist. Doch hinter dem Schild steckt eine spannende Geschichte. Falk Meier hat sie herausgefunden.

„Diese Art von Schildern dient traditionell der Werbung, es gibt sie seit dem Mittelalter", erklärt der Administrator der Facebook-Gruppe „Bremer Geschichte und Geschichten". Nasenschilder sind an Hauswänden vor Gaststätten und Geschäften zu finden und ragen rechtwinkelig in die Straße. In der Regel sind sie kunstvoll gestaltet und aus Eisen hergestellt. Auf das Gewerbe wird meist durch Bilder, wie Zunftzeichen oder Ähnliches, aufmerksam gemacht. So auch beim Schild der Stadtmusikanten.

Jörn Tore Schaper schreibt in seiner Abhandlung *Die Entstehung des Rathscafés - Straßenkorrektur und Wettbewerb*: „[...] wurde ungefähr an dieser Stelle ein schmiedeeisernes Wirtshausschild angebracht, das vermutlich, aber nicht gesichert auf Jacobs zurückgeführt werden kann." Rudolf Jacobs (1879-1946) war Architekt und von der Stadt Bremen als Sieger eines Architekturwettbewerbs von 1909 bis 1911 mit Planung und Bau des damaligen Rathscafés beauftragt. Unter den Bremer Stadtmusikanten, beschreibt Tore Schaper weiter, „hängen eine Laterne und ein Wirtshausschild in Form eines fünfzackigen Sterns, dem Symbol der Pschorr-Brauerei".

Falk Meier hat herausgefunden, dass dieser Stern auf dem Schild von den Nationalsozialisten entfernt wurde, weil ihnen die Ähnlichkeit

*Hinter dem Ausleger steckt eine spannende Geschichte.*

mit dem Sowjetstern zu groß war. Heute hat der Ausleger wieder einen Stern – mit fünf Zacken, wie er auch auf dem Logo der Brauerei in Kombination mit zwei gekreuzten Äxten zu finden ist.

Soweit zum Schild, doch warum rankt sich darum ein Geheimnis? „Weil es ein Wunder ist, dass das Stadtmusikantenschild dort hängt", meint Falk Meier. Ein Blick auf das Gebäude hilft, es zu verstehen. Die vier Gesellen sind am zweiten der drei angedeuteten Giebel in Höhe des ersten Stockwerks in der Obernstraße angebracht, an der Grenze zu Giebel eins. „Das Deutsche Haus hat zur Obernstraße hin zwar drei Giebel, aber es ist ein einziger Baukörper", erklärt Falk Meier. „Doch mit genau diesen drei Giebeln hat es eine besondere Bewandtnis." Der Bremer führt weiter aus, dass das Deutsche Haus im Zweiten Weltkrieg von einer Luftmine getroffen wurde, wodurch aber nur der erste Teil auf der Marktplatzseite einstürzte. „Und jetzt kommt 's!" Falk Meier zeigt ein Foto aus der Zeit direkt nach dem Zweiten Weltkrieg. Traurige Gerippe recken sich in den Bremer Himmel, aber ein Gebäudeteil steht noch! „Der zweite Teil in der Obernstraße, also genau der, an dem die Laterne hängt, hat den Angriff überstanden, und wie durch ein Wunder blieb sie unversehrt!", sagt Falk Meier begeistert. Erst in den Jahren 1950/51 wurde der andere Bereich des Gebäudes wieder errichtet.

***„Der zweite Teil in der Obernstraße, also genau der Teil, an dem die Laterne hängt, hat den Angriff überstanden."***

So hat der Stadtmusikantenausleger als Gasthausschild nicht nur eine besondere Geschichte. Es drängt sich auch ein bisschen der Gedanke auf, die Bremer Stadtmusikanten hätten den Gebäudeteil beschützt, an dem sie selbst ihr Zuhause haben.

### *So geht's zum Stadtmusikanten-Schild:*

*Der Stadtmusikanten-Ausleger befindet sich in der Obernstraße am Deutschen Haus in unmittelbarer Nähe zum Marktplatz, Am Markt 1.*

*René Paul Niemann hat es sich zu Füßen des Aussichtsturms gemütlich gemacht und blickt in die Ferne. Bessere Sicht hätte er freilich von oben, aber die Tür ist verschlossen.*

20

# Judentempel

## Der Aussichtsturm, der keiner ist

Er ist ein Kuriosum, dieser runde, ein wenig exotisch und verwunschen wirkende Turm inmitten des Bremer Stadtwaldes am Stadtwaldsee! René Paul Niemann hat sich immer wieder gefragt, warum dieser Turm von den Bremern als „Judentempel" bezeichnet wird, obwohl er eigentlich ein Aussichtsturm sein soll, der aber wiederum verschlossen ist und nicht als solcher genutzt wird. Irgendwann hat er es herausgefunden und er teilt sein Wissen bereitwillig: „Der Turm hat in der Tat eine spannende Geschichte", beginnt er, „und ich freue mich, sie erzählen zu können."

Der Turm mit dem schmucken Säulengang unten und einer oberen Empore, die ebenfalls von Säulen umgeben und mit einem spitzgiebeligen Dach versehen ist, sei nach Plänen des Münchner Architekten Gabriel von Seidl (1840-1913) errichtet worden. „Durch eine Eichenholztür wäre es theoretisch möglich, auf die obere Empore zu gelangen", sagt der Bremer, „wenn die Tür offen wäre. Von dort sollte der Blick rundum gewährleistet sein."

Der Stadtwald war gerade neu angelegt worden und die Bäumchen ringsum noch ganz klein. „Ein Jahr lang wurde der Turm tatsächlich in seiner geplanten Funktion genutzt", erzählt René Paul Niemann, „und zwar von 1909 bis 1910." Aber dann wurde die Aussicht als nicht besonders großartig empfunden und der Turm kurzerhand wieder geschlossen. „Ein bisschen wie ein Schildbürgerstreich, aber es geht noch weiter", kündigt René Paul Niemann an.

Malerisch: der einstige Aussichtsturm.

Das leerstehende Gemäuer erinnerte die Bremer Bürger vermutlich von der Architektur her an einen jüdischen Tempel, und so wurde aus dem Aussichtsturm im Sprachgebrauch der Bremer der „Judentempel". Der Begriff sei aber wohl nicht abwertend gemeint gewesen. „Im damaligen deutschen Sprachgebrauch benutzte man das Wort Synagoge kaum, sondern bezeichnete die jüdischen Gotteshäuser als Tempel." Auf einem Gemälde des italienischen Künstlers Raffael (1483-1520), der *Vermählung Mariä,* ist ein solcher Tempel im Hintergrund zu sehen. „Auch hier findet man die runde Bauweise und diese Säulen", erklärt René Paul Niemann.

Der Bremer Aussichtsturm fristete also sein verschlafenes Dasein im Stadtwald und wurde mehrfach beschädigt. Um das Bauwerk zu schützen, mussten deshalb die schönen Glasfenster den Drahtabsperrungen weichen, und auch Setzrisse und Dachschäden mussten um 1920 herum ausgebessert werden. 1972 mauerte die Stadt

Bremen dann sogar den Eingang zu, denn immer wieder kam es zu Einbrüchen und Vandalismus.

„Der Turm schien nun endgültig zu einem Schlafturm zu werden, von einem Aussichtsturm konnte man schon jetzt nicht mehr sprechen", so René Paul Niemann, „denn inzwischen gab es gar keine Aussicht mehr." Der Turm steht zwar auf einem Hügel, ist aber inzwischen wirklich sehr eingewachsen. „Nach rund einhundert Jahren haben die Bäume dem Turm den potenziellen Weitblick genommen."

***„Von einem Aussichtsturm konnte man schon jetzt nicht mehr sprechen, denn inzwischen gab es gar keine Aussicht mehr."***

René Paul Niemann ist dennoch froh, dass der Turm 1984 unter Denkmalschutz gestellt wurde und der Rotary Club Bremen Weser das Gemäuer grundlegend renovieren ließ. „Nun gibt es sogar Glasfenster, wie sie mal waren, und auch die Eingangstür ist wieder im Originalzustand."

Begehbar ist der einzigartige und irgendwie geheimnisvolle Turm inzwischen tatsächlich bei einer Führung. Ansonsten schläft er weiter den Dornröschenschlaf. Und jeder muss seine Fantasie spielen lassen, um sich vorzustellen, welche Aussicht er einmal bieten sollte und ob die architektonische Nähe zu einem jüdischen Gotteshaus beabsichtigt war.

## *So geht's zum Judentempel:*

*Der Aussichtsturm steht im Bremer Stadtwald am Natur- und Erlebnisweg in der Nähe vom Stadtwaldsee. Dorthin gelangt man sowohl von der Findorffallee als auch von der Parkallee.*

gest. 2 März 1840

21

# Seitenreliefs

## Mann mit zwei Leidenschaften

Im Jahr 1924 lohnte es sich für die Bremer besonders, in den Himmel zu gucken, denn da war ein Komet zu sehen, der nach einem berühmten Bürger der Stadt benannt ist: Heinrich Wilhelm Matthias Olbers (1758-1840). Doch nicht nur einen Kometen gab's für den berühmten Arzt und Astronomen. Die Stadt hatte ihm bereits zuvor, zum zehnten Todestag, im Jahre 1850 in den Wallanlagen ein Denkmal gesetzt. Das Konterfei des Herren ist den Bremern – oder zumindest denen, die gern in den Wallanlagen spazieren gehen – somit geläufig. Aber dass nach Olbers ein Komet benannt ist, das wissen die Flanierenden nach Norma Holthusens Beobachtung nicht. Ebensowenig wie die Sache mit dem Zaun und den Kanonenkugeln. Im Zweiten Weltkrieg wurden nämlich Kunstwerke und Gebrauchsgegenstände aus Metall abgebaut, eingeschmolzen und zu Kanonenkugeln umgewandelt. Glocken von Kirchtürmen traf es zuhauf. Und auch dem Zaun, der das Olbers-Denkmal umgab, schlug sein letztes Stündlein. Dass er seit 2011 wieder originalgetreu zu sehen ist, ist dem Werk eines Kunstschmieds zu verdanken. Übrigens: Die Rosen, die Olbers, respektive den Sockel seines Denkmals, umranken, entsprechen ebenfalls dem historischen Vorbild. Apropos Sockel: Der hat, wie die Stadtführerin findet, eine nähere Betrachtung verdient. „Denn dort wird auf die von Olbers entdeckten Planetoiden hingewiesen. Diese Kleinstplaneten erhielten mythologische Namen." 1802 war es *Pallas*, die griechische Göttin der Weisheit, und 1807 *Vesta*, die römische Göttin des Herdfeuers. Olbers stand mit den namhaften Astronomen seiner Zeit in regem Austausch. Immer mal wieder fuhr er nach Lilienthal bei Bremen im Königreich Hannover. Dort lebte der Amtmann

***„Denn dort wird auf die von Olbers entdeckten Planetoiden hingewiesen. Diese Kleinstplaneten erhielten mythologische Namen."***

*Norma Holthusen hat sich intensiv mit dem hier abgebildeten Heinrich Wilhelm Matthias Olbers befasst.*

Johann Hieronymus Schroeter (1745-1860), der das größte Spiegelteleskop auf dem europäischen Kontinent besaß. Seine Berichte und Forschungsergebnisse schickte Olbers an Professor Abraham Kästner (1719-1800), der an der Universität Göttingen lehrte und sie zum Teil auch veröffentlichte. Und wenn es mit den Berechnungen einfach nicht weitergehen wollte, musste Carl Friedrich Gauß (1777-1855), seines Zeichens Direktor der Göttinger Sternwarte, helfen. „Besonders stolz war Olbers darauf, dass er Friedrich Wilhelm Bessel, er lebte von 1784 bis 1846, davon überzeugen konnte, seine Kaufmannslehre bei der Firma Kulenkamp aufzugeben und bei Schroeter die Astronomie zu erlernen", schildert die Stadtführerin ein weiteres Detail. Bessel habe später die Sternwarte in Königsberg übernommen, fährt Norma Holthusen fort. „Auch die Herren Gauß und Bessel sind von der Stadt Bremen mit einem Denkmal bedacht worden."

*Heinrich Wilhelm Olbers richtet sein Blick durch das von einem Genius gehaltenen Fernrohr zu den Sternen.*

Im *Lexikon der Physik* ist nachzulesen, dass der Bremer Arzt und Astronom auch das Olberssche Paradoxon entwickelt hat: „Olbers argumentierte, daß in einem unendlichen Universum, das im Mittel eine gleichmäßige Sterndichte aufweist, der Blick eines Beobachters in jeder beliebigen Richtung irgendwann auf einen Stern treffen würde und daher der Nachthimmel ebenso hell wie die Sonnenoberfläche sein sollte." Norma Holthusen sagt dazu: „Das ist bis heute ungeklärt. Und eine Überlegung wert."

Auch als Mediziner ist der große Astronom auf einem der Seitenreliefs dargestellt. Von seiner Tätigkeit als Arzt konnte er leben, von der als Astronom, obwohl er da viel erfolgreicher war, nicht. Jede Universität beschäftigte nämlich nur einen, und für ihn war keine Stelle frei", erklärt Norma Holthusen. Arzt und Astronom! Olbers muss ein unglaublich faszinierender Mann gewesen sein! „Übrigens hat sich die Sparkasse Bremen, die im Jahre 1825 gegründet wurde, die Popularität des Herrn Olbers zunutze gemacht und mit ihm als ‚erstem Sparer' geworben", fügt die Bremerin hinzu und macht auf einen entsprechenden Hinweis ganz unten auf dem Sockel des Denkmals aufmerksam.

***„Von seiner Tätigkeit als Arzt konnte er leben, von der als Astronom, obwohl er da viel erfolgreicher war, nicht."***

Mit diesem Hintergrundwissen ausgestattet, schaut man mit einem anderen Blick zum Himmel und überlegt, warum es in der Nacht dunkel ist, obwohl die Sterne leuchten.

## *So geht's zu den Seitenreliefs:*

*Das Denkmal befindet sich in den Wallanlagen, gegenüber von der Stadtbibliothek und der Kunsthalle.*

# Grabplatte

## Ein Leben, ganz anders als man denkt

Dass der König der Benimmregeln im Bremer Dom bestattet ist, ist hinlänglich bekannt, doch wie vieles hat auch diese Geschichte ihre unbekannten Seiten. Die hat Sönke Schöttler recherchiert und kam zu dem Schluss: „Knigge war so ganz anders, als man es sich vorstellt und was man ihm angedichtet hat."

Freiherr Adolph Knigge wurde am 16. Oktober 1752 in der Nähe von Hannover geboren, studierte Jura an der Universität Göttingen und wurde als höherer Beamter beim Landgrafen von Hessen-Kassel eingestellt. Doch Intrigen machten ihm das Leben schwer, eine Karriere an den Höfen blieb ihm versagt. Was bestimmt nicht zuletzt daran lag, dass er sich wieder und wieder gegen die Obrigkeit auflehnte. „Er war nämlich, entgegen aller heute verbreiteten Ansichten, kein Benimmpapst, sondern eher ein Rebell", weiß Sönke Schöttler. „Knigge gehörte den Freimaurern und später auch dem Orden der Illuminaten an. Das alles waren eher radikale Republikaner", die sich für die *res publica* einsetzten, also dafür, dass der Staat eine öffentliche Angelegenheit aller Bürger ist. Sönke Schöttler ergänzt: „Sie wehrten sich vehement dagegen, von einem eingesetzten Fürsten regiert zu werden, der nur deshalb das Sagen hatte, weil er in seine Rolle hineingeboren wurde, und forderten die Abschaffung der Monarchie, die Abschaffung von Privateigentum und der Religion." Sönke Schöttler fährt fort: „Es ist einfach zu erklären. Knigge und seine Mitstreiter wollten kompetente Leute, die aufgrund

***„Sie wehrten sich vehement dagegen, von einem eingesetzten Fürsten regiert zu werden, der nur deshalb das Sagen hatte, weil er in seine Rolle hineingeboren wurde, und forderten die Abschaffung der Monarchie, die Abschaffung von Privateigentum und der Religion."***

*Sönke Schöttler kniet neben dem Grabstein des Freiherrn von Knigge.*

ihrer Befähigungen das Land regieren." Das sorgte natürlich für Zündstoff, und so geriet Adolph Knigge ständig in Konflikt mit den politischen Größen, weil er es ablehnte, ein Untertan des Königs zu sein.

Sein berühmtes Buch *Über den Umgang mit Menschen*, 1788 erschienen, ist eher ein Kommunikationsberater. Sein Ziel war es, die Menschen zu gleichberechtigten Partnern zu erziehen. Sein Regelwerk sollte zeigen, wie die Menschen miteinander kommunizieren sollten, um den Umgang so leicht wie möglich zu machen.

„Es gibt in seinem Werk keine einzige Benimmregel zur korrekten Lage von Messer und Gabel", stellt Sönke Schöttler klar. „Man findet auch kein Wort dazu, ob es besser ist, Weißwein zu Fisch zu reichen oder Ähnliches! Das haben andere später in überarbeiteten Fassungen hinzugefügt, von Knigge selbst stammt es nachweislich nicht. Der Freiherr Knigge verfasste übrigens noch weitere Bücher und Schriften."

Knigge, sagt Sönke Schöttler, sei nicht nur ein Rebell gewesen, wenn es um die Politik ging: „Da die Hansestadt Bremen in der Zeit überwiegend reformiert war und sich an den Lehren von Melanchthon und Calvin orientierte, herrschten überaus strenge Sittenregeln. Theater und Konzerthäuser gab es bis dahin nicht, geduldet wurde einzig Kirchenmusik." Adolph Knigge scherte das Verbot freilich wenig: „Bei unserem Freiherrn in seiner kleinen lutherischen Dom-Enklave aber fanden Hauskonzerte statt – und das gab es sonst nirgendwo!"

Freiherr Adolph Knigge nahm 1790 schließlich aus Geldnot und als schwerkranker Mann die Stelle als Administrator für den Dombezirk Bremen an und starb 1796 in der Hansestadt.

> ***„Er war nämlich, entgegen aller heute verbreiteten Ansichten, kein Benimmpapst, sondern eher ein Rebell."***

Ein letzter Blick auf die Grabplatte. Da fällt auf, dass er dort als *Königlich Grossbrittanischer Oberhauptmann in Bremen* bezeichnet wird. Klingt erstmal merkwürdig, ist es aber nicht: Im Mittelalter gab es das Erzbistum Bremen, es umfasste das ganze Gebiet zwischen Elbe und Weser und zunächst auch die Städte Hamburg und Bremen. Der Erzbischof residierte in seinem Palatium – von Palast mag man nicht sprechen, es war ein größeres gotisches Gebäude –, das sich genau dort befand, wo heute das Neue Rathaus steht. Die beiden Hansestädte konnten sich aber vom Erzbistum unabhängig machen, sodass es einige Jahrhunderte lang zwei politische Konstrukte mit dem Namen Bremen gab: die Hansestadt und das Erzbistum. Der Dom und das Palatium wie auch ein Gebiet der östlichen Altstadt verblieben beim Erzbistum, waren also jahrhundertelang nicht Bestandteil der Hansestadt Bremen. Nach dem Dreißigjährigen Krieg (1618-1648) wurde das ehemalige Erzbistum Bremen – und somit auch seine Gebiete in der Hansestadt – erst schwedisch, dann dänisch und gehörte am Ende zu Hannover, dessen Kurfürst Georg Ludwig (1660-1727) als König George I. 1714 den englischen Thron bestieg.

***„Im Bremerhavener Schifffahrtsmuseum existiert sogar eine Seeflaage mit dem Hannoverschen Ross eingefügt in den Union Jack.“***

„Es gab 123 Jahre eine Per-sonalunion von Großbritannien und Hannover“, sagt Sönke Schöttler. „Im Bremerhavener Schifffahrtsmuseum existiert sogar eine Seeflagge mit dem Hannoverschen Ross eingefügt in den Union Jack.“

So seltsam die Bezeichnung „Königlich Grossbrittanischer Oberhauptmann in Bremen“ aus heutiger Sicht auch klingen mag: Im Gegensatz zu so einigem anderen, was man Freiherr Adolph Knigge im Laufe der Jahrhunderte andichtete, ist diese Bezeichnung zumindest wahr.

## *So geht's zur Grabplatte:*

*Die Grabplatte ist im St. Petri Dom von Bremen zu finden und dort rechts hinten im Museumsteil im Boden eingelassen.*

Pagentorner Straße

23

# Pagentornerstraße

## Das verschwundene Dorf

Ja, das geht: Ein Dorf kann einfach so von der Bildfläche verschwinden. Und irgendwann verschwindet es dann auch aus der Erinnerung, aus dem kollektiven Gedächtnis. Keiner weiß mehr um die Nachbarschaft, um die Menschen, die hier zusammen lachten, litten und liebten, und auch nicht um die Bauern, die hier tagein, tagaus mühevoll ihre Felder bestellten. So geschehen in Bremen. Und wenn hier auch noch ein Straßenname an dieses untergegangene Dorf erinnert: Wer würde denn schon bei „Pagentornerstraße" darauf kommen, dass Pagentorn der Name eines Dorfes war, das es nicht mehr gibt? Marita Filipowsky hat es herausgefunden – und war wie elektrisiert, wollte mehr wissen: „Mich interessierte sehr, warum es verschwunden ist."

Sie recherchierte weiter und hatte Erfolg: „In Pagentorn gab es viele größere Gehöfte. Alle Hofstellen waren auf einem weiten Gelände verstreut", erzählt Marita Filipowsky. Hanne Lampe, Nachfahrin eines Pagentorner Bauern, schreibt in ihrer Publikation *Die Pagentorner Bauernschaft* vom „Orthof" oder „Northof", wie er in älteren Zeiten hieß: „Seine Gebäude standen in der Rembertistraße, gegenüber der Kirche, an der südlichen Seite der Gerhardstraße. Es ist ein sehr alter Hof, worüber uns seine erste urkundliche Erwähnung in einer Schenkungsurkunde des Paulsklosters vom Jahre 1364 belehrt." Marita Filipowsky weiß zu berichten, dass es weitere Höfe gab, nach denen noch zwei Straßen benannt sind: die Lindhorn- und die Wendtstraße.

Die Beziehungen zwischen den Pagentornern und dem Bremer Senat gestalteten sich seit jeher schwierig. Denn die Pagentorner befanden sich in einer zweifachen Abhängigkeit: Einerseits waren sie bremische Untertanen, weil sich ihre Hofstellen nahezu sämtlich auf dem Gebiet der Vorstadt befanden. Das bedeutete, dass sie auch Abgaben zu leisten hatten. Doch waren sie andererseits als Besitzer der Feldmark Pagentorn von 1719 bis 1803 auch Meier der Königlich Han-

*Marita Filipowsky mit einem Stadtplan in der Hand. Sie weiß, warum die Straße Pagentorner Straße heißt.*

noverschen Regierung. Nach Hanne Lampe brachte eine Revision im Jahre 1799 schließlich zutage, dass die Bauernschaft Pagentorn bisher einen, „ihren Verhältnissen nach, viel zu geringen Schoß entrichtet hatten".

Marita Filipowsky erläutert die Fakten: „Es ist etwas kompliziert, aber kurz zusammengefasst bedeutet es, dass sie den ‚Schoß', die zu leistenden Abgaben, nicht wie üblich pro Kopf, sondern in Gemeinschaft bezahlt hatten." Warum das so war, lässt sich nicht mehr klären. Allerdings liegt eine Bittschrift aus dem Jahr 1703 vor, die laut Hanne Lampe folgendermaßen endet: „Gelanget dahero an Ew. Hochedle Herren unser flehentliches Ersuchen, dieselbe wolle doch nicht zulassen, daß wir unter einer so schweren Last gar ersinken."

Nach der Revision beschloss der Bremer Senat, die Bauern seien inzwischen zu einem „blühenden Wohlstand" gekommen und hätten zukünftig höhere Abgaben zu leisten. So wurden die Pagentorner am 4. Juni 1800 vorgeladen und aufgefordert, den Huldigungseid zu leisten. Dieser Eid galt als ein ritualisiertes Treueversprechen. „Das lehnten die Pagentorner aber ab", erklärt die Spurensucherin.

Bis 1806 ließ der Senat die Angelegenheit auf sich beruhen. Dann wurde der Sachverhalt noch einmal überprüft, und der Rat überlegte im Januar 1809, die Pagentorner zu Bremer Bürgern zu machen. Er kam zu dem Schluss, die Menschen dort seien lange viel zu gut weggekommen. „Der Senat deutete es so, dass die Pagentorner sich mit ihren Bittschriften ein bisschen durch die Zeit gemogelt hatten", sagt Marita Filipowsky, „um keinen Streit mit den hannoverschen Nachbarn heraufzubeschwören, hatte der Senat es so laufen lassen." Dieser Zustand war allerdings mit den Staatsgrundsätzen unvereinbar. Und so wurde beschlossen, die Pagentorner hätten von nun ab alle Bauernlasten zu tragen und den Huldigungseid zu leisten. Doch wieder wurde der Beschluss nicht umgesetzt.

Nach den Jahren der Fremdherrschaft durch die Franzosen ist erst 1815 wieder etwas über den Kampf der Bauernschaft mit dem Senat um die Abgaben zu lesen, da dieser von den Pagentornern nun den seit 1806 rückständigen Schoß einforderte. Die Pagentorner sandten eine neuerliche Bittschrift, in der sie darauf hinwiesen, dass auch sie unter dem Stadtbombardement gelitten hatten. Das Gesuch wurde abgelehnt. Am 12. Januar 1816 beschloss der Senat, die Pagentorner sollten jetzt Vorstadtbürger werden. Dazu war geplant, dass die Bauernschaften mit Frauen und Kindern am 12. Februar 1816 den Bürgereid vor dem Obergericht schriftlich zu leisten hätten. Auch gab es weitere Vorgaben, wie Reparaturen an Deichen und Ähnliches. Zudem sollten sie eine Pferde- und Hundesteuer sowie Grund- und Personensteuern zahlen. Und: Die Pagentorner wären landwehrpflichtig und würden zur Bürgergarde der Vorstadt gezählt.

Vom einstigen Dorf Pagentorn sind nur noch ganz wenige Häuser erhalten geblieben.

„Es war ein so langer Kampf", sagt Marita Filipowsky. Die Pagentorner wehrten sich ein weiteres Mal, denn ihnen enthielt der Vertrag zu viele Klauseln. Der Widerstand beeindruckte den Senat keineswegs, die Pagentorner wurden unter Androhung einer Geldstrafe von zehn Reichstalern bei Nichterscheinen am 8. Juli 1816 nachdrücklich aufgefordert, den Bürgereid zu leisten. Immerhin erreichten sie einen Aufschub – erst auf den 16. September, dann auf den 6. Dezember. Sie stimmten schließlich unter der Voraussetzung zu, den Eid zu leisten, wenn alle zu vereidigenden Personen zugegen wären. Es fehlten aber etliche Bauern.

„Nachdem auch der neuerliche Termin am 13. Januar 1817 ohne Einigung verstrich, verleibte sich der Bremer Senat Pagentorn ein", berichtet Marita Filipowsky. Die Pagentorner wurden folglich 1819 per Gesetz Bremer Bürger, ob sie es wollten oder nicht. Marita Filipowsky sagt ein wenig traurig: „Was nun folgte, war keine Gleichstellung, es waren unzählige Enteignungen von Wiesen und Ländereien." Danach gab es neue Bebauungspläne. „1895 kamen die Pagentorner in der St. Remberti-Kapelle ein letztes Mal zusammen und wollten der Auflösung ihres Dorfes einen würdigen

Abschluss geben", fährt Marita Filipowsky fort. „Nun gehörte das alte Pagentorn zum Teil zu Schwachhausen, zum Teil zu Hastedt – und es verschwand als eigenständiges Dorf."

Zurück zum Straßenschild: Nun ist klar, was es mit dem Stadtteil auf sich hat. Die Pagentornstraße heißt also nach dem eingemeindeten ehemaligen Bauerndorf, das übrigens seinen Namen wiederum von dem Turm der alten Stadtbefestigung, dem Pagenthorn, bekommen hatte. Er stand am Ausgang der jetzigen Rembertistraße. Diese Bezeichnung setzt sich zusammen aus den Worten „Pagen" = Pferde und „Thorn" = Turm. So romantisch die Herkunft des Namens auch anmutet: Die Geschichte um Pagentorn ist eher traurig. „Da haben die Bauern damals auf ganzer Linie verloren und das Dorf kennt kaum noch jemand", meint Marita Filipowsky.

***„Was nun folgte, war keine Gleichstellung, es waren unzählige Enteignungen von Wiesen und Ländereien."***

Der ungewöhnliche Straßenname erinnert jedoch bis heute daran. Und nicht nur das: Wer aufmerksam durch die Straße geht, findet in der mehrgeschossigen Bebauung das eine oder andere sehr kleine Häuschen. Das Dorf mag untergegangen sein. Aber das eine oder andere kleine Gebäude hält nach wie vor tapfer die Stellung.

### *So geht's zur Pagentornerstraße:*

*Die Pagentornerstraße befindet sich gegenüber dem Klinikum in der St. Jürgenstraße in Höhe des Ärztehauses.*

*Kaum vorstellbar, dass hier Menschen Signale für den Schiffsverkehr weitergaben.*

24

# Kirchturm

## Zeichen für den Schiffsverkehr

Bei einer so schönen und außergewöhnlichen Kirche wie der in Vegesack denkt jeder an Gottesdienste und himmlische Mächte und wohl eher nicht an Schiffsverkehr und Funk. Und doch gibt es eine Verbindung – und dieses Geheimnis hütet der Kirchturm, auf dem einst etwas zu finden war, was kein bisschen religiös anmutet: ein optischer Telegraf.

Thomas Begerow hat in Berlin an der Freien Universität studiert und beschäftigt sich vor allem mit der Sozial-, Emigrations- und Schifffahrtsgeschichte. Im Zuge seiner Arbeit stieß er auch auf ebenjenen optischen Telegrafen. Für den Experten „ein originelles Detail im Verlauf der 200-jährigen Geschichte der Kirche". Liefen Anfang der 1840er-Jahre Handelsschiffe über die Wesermündung nach Bremerhaven und Brake ein, wurde das damals noch über reitende Landboten nach Bremen gemeldet. Dafür gab es Schiffsmeldezettel, die diese Meldungen verbreiteten. „Das war natürlich extrem unsicher und zeitaufwendig", erläutert Thomas Begerow. Zumal die Informationen ausgesprochen wichtig waren: Die Boten mussten melden, ob es Kranke an Bord gab oder das Schiff unter Quarantäne stand und wie viel Mann zur Löschung der Ladung gebraucht wurden. „Deshalb und weil die Versicherer und Reeder, aber auch die Handelsmärkte schnellere Nachrichten über den ein- und auslaufenden Schiffsverkehr haben wollten, musste eine bessere Lösung her."

*Dem Kirchturm der Vegesacker Kirche ist nicht mehr anzusehen, was sich einst auf seinem Dach abspielte.*

Die wurde im optischen Telegrafen gesucht und gefunden. Auf jeder Telegrafenstation stand ein Mann mit Fernglas, der unter Zuhilfenahme schwenkbarer Signalarme Zeichen an die nächste Station weitergab. Damit die Zeichen auch gesehen wurden, musste die Anlage schlüssigerweise auf einem besonders hohen Punkt stehen. Die Stationen überbrückten eine Strecke von jeweils ungefähr zehn Kilometern. Die Sichtachse sollte frei von Hindernissen sein, wie zum Beispiel Kirchtürmen oder eigens errichteten Gebäuden, wie der heute als Museum benutzte Turm in Brake. Auf der Website *Die Museumstiftung Post und Telekommunikation* ist dazu zu lesen: „Die optische Telegrafie beschleunigte die Fernkommunikation enorm, auch wenn die Zeichen der hölzernen Flügelarme nur bei guten Sichtverhältnissen sicher übermittelt werden konnten."

Die Idee für den optischen Telegrafen stammte aus Frankreich. Der Techniker Claude Chappe (1763-1805) hatte das System erfunden.

Bis Mitte des 19. Jahrhunderts bauten die Franzosen ein „flächendeckendes Netz von Telegrafenstationen“ auf. In Bremen war es der Kaufmann Johann Ludwig Schmidt (1791-1854) aus Altona, der diesen optischen Telegrafen auf dem Kirchturm in Vegesack 1845 initiierte. Damit verlängerte er die optische Telegrafenlinie entlang der Weser von Bremerhaven über Brake bis Bremen. Vegesack war eine der zehn Stationen dieser Telegrafenlinie. Auf dem flachen Kirchturmdach wurde in rund 20 Metern Höhe ein sogenannter Zeigertelegraf mit einem Geländer installiert. Ganz ohne Schwierigkeiten ging das aber nicht vonstatten: „Es gab neben der Problematik mit den Sichtverhältnissen auch noch jene, dass jede Station ständig mit Personal besetzt sein musste. Das war alles andere als wirtschaftlich“, sagt Thomas Begerow. Da zur gleichen Zeit auch die elektrische Telegrafie erfunden wurde, war die Technik des optischen Telegrafen schnell überholt – schlechtes Timing, würde man heute sagen. Schmidt meldete 1849 Konkurs an, und der optische Telegraf wurde bereits 1850 wieder eingestellt. Sehr zur Freude der Nachbarn und konservativer Gemeindeglieder, die sich durch das profane Geschepper der Zeigerarme gestört fühlten.

***„Es gab neben der Problematik mit den Sichtverhältnissen auch noch jene, dass jede Station ständig mit Personal besetzt sein musste.“***

„Jetzt ziert den schönen, schlanken gelben Kirchturm mit seinem grünen Kupferdach wieder ein Kreuz mit Wetterfahne auf einer Kugel“, beendet Thomas Begerow seine Ausführungen. So kann der Mensch sich täuschen. Kirchtürme sind also nicht immer nur Fingerzeige in den Himmel und rufen mit ihrem Geläut zum Gottesdienst, sie können auch mal für die Seefahrt genutzt werden.

## *So geht’s zum Kirchturm:*

*Die Stadtkirche mit dem Kirchturm befindet sich in der Straße Kirchheide 10 in Vegesack.*

# Justitia

## Sie soll in die Augen schauen

Da stimmt doch was nicht! Das ist der erste Gedanke, der einem in den Sinn kommt, wenn der Blick an der Fassade des Amtsgerichts nach oben schweift und an der Justitia hängen bleibt. Der guten Dame fehlt nämlich ihre Augenbinde. Hartmuth Bendig, der viele Jahre lang im Jugendamt/Jugendhilfe im Strafverfahren gearbeitet hat und sich viel mit dem Gebäude des Landgerichts beschäftigt hat, weiß, warum das so ist.

„Zunächst ist es wichtig, sich mit den Symbolen der Justitia auseinanderzusetzen", beginnt er und erläutert: „Es gibt drei Attribute, die die Gerechtigkeit kunstvoll darstellen." In der linken Hand hält die Justitia eine Waage, die das juristische Abwägen eines Sachverhalts symbolisiert. Mit der rechten Hand umfasst sie in der Regel ein Schwert. Das soll die nötige Strenge deutlich machen, mit der Recht gesprochen wird. Und dann gibt es noch seit Ende des 15. Jahrhunderts ebenjene Augenbinde, die symbolisiert, dass der Richter sich nicht von Äußerlichkeiten ablenken lassen soll. „Zusammengefasst eigentlich ganz einfach", resümiert Hartmuth Bendig. „Recht wird ohne das Ansehen der Person – Symbol Augenbinde –, mit der notwendigen Härte – Symbol Schwert – und nach sorgfältiger Abwägung des Sachverhaltes – Symbol Waage – gesprochen." So weit so gut: Nur trägt die Justitia in Bremen ja keine Augenbinde. Wird hier also doch auf Äußerlichkeiten geschaut?

***„Es gibt drei Attribute, die die Gerechtigkeit kunstvoll darstellen."***

Hartmuth Bendig verneint: „Zur Augenbinde gibt es tatsächlich noch andere Ansätze. Auch in Bremen gilt der Grundsatz, dass das Gericht unabhängig sein muss und auch hier darf nicht mit Blick auf das Ansehen einer Person gerichtet werden." Der Autor Norbert Larisch schreibt in *Gerichtshaus Bremen: Baugeschichte, Handwerkskunst, Allegorie* dazu: „Eine Justitia ohne Augenbinde wie hier in der

*Die Justitia am Alten Gerichtsgebäude in der Ostertorstraße hat keine Augenbinde.*

Ostertorstraße ist allegorisch eher die Darstellung in der Reihe der Kardinaltugenden. Wert wird dabei insbesondere auf die Attribute Waage und Schwert gelegt [...].“

Hartmuth Bendig berichtet, dass in Preußen seine Majestät Wilhelm II. (1859-1951), der von 1888 bis 1918 als Deutscher Kaiser regierte, in einem Schreiben vom 18. Juli 1907 anordnete, dass „bei künftigen Gerichtsbauten die Justitia ohne Augenbinde auszuführen“ sei. 1871 trat Bremen dem Deutschen Reich bei und führte bereits im selben Jahr dessen Rechtsprechung im Strafrecht ein.

*Hartmuth Bendig weiß, warum die Justitia keine Augenbinde trägt.*

„Bei einer hanseatischen Justitia fehlt die Binde grundsätzlich“, erklärt Hartmuth Bendig. Es gibt in Bremen daher noch mehr Beispiele: Statuen in der oberen Rathaushalle oder über dem Haupteingang des Gewerbehauses und in den Neustadtswallanlagen. „Schließlich kann eine Augenbinde auch blind machen“, bekräftigt der Bremer. Das will ja keiner, eine Justitia, die nicht richtig hinsieht. Die Justitia soll schließlich auch nach dem Urteil beiden Parteien noch in die Augen schauen können.

So ist also davon auszugehen, dass auch in Bremen mit scharfem und ungetrübtem Blick Recht gesprochen wird. „Auf jeden Fall“, bekräftigt Hartmuth Bendig, „alles andere wäre ja eine Katastrophe.“

### *So geht’s zur Justitia:*

*Die Justitia befindet sich an der Front des Amtsgerichts in Sichtweite der Domsheide in der Ostertorstraße 25-31.*

*Der Löwe in der Westkrypta des Doms scheint tatsächlich zu lachen.*

26

# Lächelnder Löwe

## Eine ungewöhnliche Darstellung

Eigentlich gibt es das beliebte Smiley-Emoji erst seit den 60ern. Harvey Ball, ein amerikanischer Werbegrafiker, gilt als dessen Erfinder. Gästeführer Eric Bontenackels glaubt jedoch, die Urform des Smileys in der Westkrypta des Bremer Doms gefunden zu haben.

Der Weg führt den Besucher ein paar Stufen hinab in eine imposante, von Säulen getragene Halle, in deren Mitte das Taufbecken dominiert. „Die romanische Westkrypta des St. Petri Doms wurde 1066 von Erzbischof Adalbert geweiht und gehört zu den ältesten begehbaren Räumen Bremens", erläutert Eric Bontenackels. Das Taufbecken aus dem Jahr 1220 ist ein Meisterwerk von spätromanischen Bronzegießern und zieht in den Bann. „Hier finden noch immer die

Taufen statt", erklärt Eric Bontenackels und wirkt etwas verschmitzt, als er anmerkt: „Das Taufbecken diente früher zugleich als Eichgefäß für die Alte Bremer Tonne, ein übliches Weinmaß." Das passt ein kleines bisschen zum angekündigten Smiley, denn auch Wein kann bekanntlich gute Laune machen. Der Gästeführer weist zu den auf vier Löwen reitenden Gestalten, die den Taufkessel tragen: „Um den Kessel ziehen sich zwei gleiche Rundbögen", beschreibt er, „oben befinden sich 26 Figuren und unten zwölf Halbfiguren." Die das Taufbecken tragenden Löwen lächeln allerdings nicht. Wahrscheinlich haben sie an ihrer Last zu schwer zu tragen, um fröhlich zu sein.

*Eric Bontenackels hat den lächelnden Löwen über ihm an der Säule entdeckt.*

Doch der grinsende Artgenosse ist nicht mehr fern: Der Blick wandert weiter, verweilt am Christusrelief an der Altarwand aus dem Jahr 1050, und dann bleibt er schließlich an den Säulen hängen, die mit eigenartigen Flecht- und Tierdarstellungen verziert sind. „Sie stammen von lombardischen Steinmetzen", berichtet Eric Bontenackels über die interessanten Reliefs. „Die Aufgabe der Darstellung sollte eigentlich die Bannung des Bösen sein. Reliefs waren früher sozusagen die Bilderbücher und dienten auch zur Belehrung", klärt er auf und erläutert weiter, diese Verzierungen seien von Erzbischof Adalbert (um 1000-1072) nach Bremen gebracht worden. „Sie wurden im Laufe der Zeit immer wieder verändert, ohne dass sie ihren besonderen Charakter verloren."

Der Gästeführer nähert sich dem linken Fenster und zeigt dort auf eine Besonderheit. „Unser Geheimnis ist ein bisschen versteckt", sagt er und deutet auf einen Löwen, der ganz ungewöhnlich dargestellt ist. Ja, er sieht tatsächlich anders aus als seine Artgenossen, denn er lacht breit! „Deshalb ist er mir aufgefallen", sagt Eric Bontenackels. „An Kirchenbauten findet man den Löwen in der Regel als Träger von Säulen oder als Türzieher." Als Türzieher werden die Löwenköpfe mit einem Ring zum Ziehen bezeichnet. Sie sind häufig an Eingangsportalen zu finden. Unser Löwe steht hier aber den bösen Mächten entgegen, die unschädlich gemacht werden sollen. „Im Gegensatz zu anderen Darstellungen hat er hier einen beschwingten, fast heiteren Ausdruck mit einem gewissen Charme", findet Eric Bontenackels. „Es ist vielleicht etwas gewagt, auch weil die Abbildung so untypisch ist, aber ich sehe hier den ersten Smiley, in Stein gemeißelt von einem gewitzten lombardischen Handwerker. Das verleiht dem strengen, dunklen Raum so unvermittelt eine heitere Note."

***„Ich sehe hier den ersten Smiley, in Stein gemeißelt von einem gewitzten lombardischen Handwerker. Das verleiht dem strengen, dunklen Raum so unvermittelt eine heitere Note."***

Warum sich der Löwe so freut? Dieses Geheimnis verrät er nicht, doch charmant ist die Idee, der Ur-Emoji sei vielleicht doch schon im 11. Jahrhundert von lombardischen Steinmetzen erfunden worden, auf jeden Fall. Eine schöne Vorstellung. Ein letztes Zwinkern und ein kleines „Smile" zum Löwen. Auf jeden Fall macht er gute Laune – und das ist ja schon mal was, Lachen ist schließlich gesund!

### *So geht's zum lächelnden Löwen:*

*Der lächelnde Löwe befindet sich an der Stirnseite der Westkrypta des St. Petri Doms an einer Säule. Der Dom steht am Marktplatz.*

EX MVNIFICENTIA· ILLVSTRISS· PRINCI
PIS AC DOMINI DOMINI IVLII· DVCIS·
BRVNSVICENSIS· ET LVNEBVRGENSIS· ET·

27

# Braunschweiger Portal

## Kein Tor der Schulden

Das imposante Steinportal, das sich am Übergang vom Alten zum Neuen Rathaus befindet, macht neugierig, denn es ist aufwendig und wunderschön gestaltet. Stadtführer Sönke Schöttler hat es oft bewundert und begonnen, sich, neugierig geworden, auch mit der Geschichte zu befassen, die dahintersteckt. Er fand heraus, dass das, was man sich gemeinhin zu dem Portal erzählt, gar nicht stimmt.

Das Braunschweiger Portal wurde der Stadt Bremen von Herzog Julius zu Braunschweig und Lüneburg, Fürst von Braunschweig-Wolfenbüttel (1528-1589) geschenkt. „Der Legende nach soll sich der Herzog Geld von der Stadt Bremen geliehen haben, um woanders seine Schulden begleichen zu können. Aber das kann widerlegt werden." In dem Artikel *Alabasterdiplomatie* nennt Kunsthistorikerin Aleksandra Lipińska nämlich andere, sehr plausible Deutungsansätze. Der Herzog hat demnach auch den Hansestädten Lübeck und Danzig ähnliche Geschenke gemacht, sozusagen als Werbemaßnahme. „Für die Gestaltung der Portalbögen hat er Materialien aus dem Harz verwendet", erläutert der Bremer. „Er wollte auf diese Weise zeigen, was für wunderbare Dinge man mit den Steinen aus seiner Heimat machen kann."

***„Der Legende nach soll sich der Herzog Geld von der Stadt Bremen geliehen haben, um woanders seine Schulden begleichen zu können. Aber das kann widerlegt werden."***

Julius zu Braunschweig bekannte sich zum lutherischen Glauben und führte nach dem Tod seines Vaters 1568 die Reformation im Fürstentum Braunschweig-Wolfenbüttel ein. Aus diesen Gründen sind im Portal verschiedene Figuren und Symbole wie Sonne und Mond zu sehen, die auf die Lehren Luthers verweisen. Alles aufzuschlüsseln, würde zu weit führen, aber deutlich wird laut Aleksandra Lipińska,

*Sönke Schöttler betrachtet ein Detail am Portal.*

dass auf „der Bildebene eine wichtige religiöse Botschaft vermittelt wird". Die Symbole versinnbildlichen einen zentralen Gedanken der lutherischen Heilslehre und machen deutlich, dass der Glaube dem Gesetz gegenübergestellt wird, weil nur durch den Glauben die Erlösung erlangt werden kann. Sönke Schöttler ergänzt: „Natürlich hatte der Herzog großes Interesse daran, die noch lutherischen Bremer, die kurz davorstanden, sich den Lehren von Melanchthon und Calvin, also der Reformierten Kirche, anzuschließen, bei den Lutheranern zu halten. Es konnte aus seiner Position heraus nicht in seinem Sinne sein, dass sie sich zu einer anderen Kirche bekennen." Leider brachte ihm die Spende in dieser Hinsicht keinen Nutzen, da sich der Bremer Rat in den folgenden Jahrzehnten doch dem reformierten Bekenntnis zuwandte.

Und es gibt noch etwas, das die Legende widerlegt. „Die Sache mit dem großen Schuldenberg ist vermutlich schon deshalb falsch, weil der Herzog seinem Sohn nach dem Tod einen überaus geordneten Finanzhaushalt hinterlassen hat. Es gab keine Schulden oder dergleichen, und darum passt es einfach nicht zusammen", macht Sönke Schöttler deutlich. Und außerdem: „Es ist sicherlich nicht vorstellbar, dass ein Renaissancefürst seiner Blamage auch noch ein Denkmal setzt." Sönke Schöttler fasst noch einmal zusammen: „Dieses Portal hat der Fürst der Stadt Bremen ganz sicher nicht vermacht, weil er Schulden hatte."

***„Dieses Portal hat der Fürst der Stadt Bremen ganz sicher nicht vermacht, weil er Schulden hatte."***

Manchmal ist es eben notwendig, nicht alles zu glauben, sondern genau hinzuschauen, um die Wahrheit zu ermitteln.

### *So geht's zum Braunschweiger Portal:*

*Das Rathausportal ist im ersten Stock des Bremer Rathauses an der Tür zu finden, die das Alte Rathaus mit dem Neuen Rathaus verbindet.*

*Heinrich Lintze weiß: Hier sollte mal ein Marktplatz hin.*

28

# Straßeneck

## Ein Sieg der Bauern

„An dieser Stelle kann ich das Geheimnis um den Markplatz am besten erläutern“, verkündet Heinrich Lintze. Der Stadtführer steht an der Kreuzung Wielandstraße / Humboldtstraße und hat den Blick auf das Zentralkrankenhaus gerichtet. Moment – welcher Marktplatz? Hier gibt es doch gar keinen! „Ganz genau, darum geht es!“, bestätigt Heinrich Lintze zufrieden. „Das ist ja das Verrückte an der Geschichte.“

Dann beginnt er zu erzählen, dass das Krankenhaus an der St. Jürgenstraße – der Zentralbau, auf den die Humboldtstraße zuläuft – als Blickfang einer streng klassizistischen Planung gedacht war. Im

Rahmen dieser Planung war vorgesehen, als zentralen Marktplatz der östlichen Vorstadt eine große Fläche zwischen den geplanten Straßen Am Bredenkamp, Schweizer Straße, Horner Straße und Wielandstraße unbebaut zu lassen. Diesen Platz sollte die Humboldtstraße dann queren und mittig auf das Krankenhaus zulaufen. Aber die Grundeigentümer wollten keinesfalls eine so große Fläche unentgeltlich abgeben, denn für öffentliche Flächen hätten sie keine Entscheidung erhalten. Sie wollten lieber ihre Äcker an private Bauherren verkaufen. Durch die Proteste der Bauern stagnierte der Baufortschritt und der Marktplatz wurde nie realisiert.

***„Die Straßenführung ist hier atypisch, da die beiden kleinen Straßen nicht rechtwinklig von der Humboldtstraße abzweigen, sondern ein kurzes Stück parallel zu ihr laufen."***

Die umliegenden Straßen hingegen schon. „Was richtig spannend ist", weiß Heinrich Lintze noch zu berichten, „sind die Straßen Am Bredenkamp und Schweizer Straße, die die Querseiten des Marktplatzes bilden sollten. Die Straßenführung ist hier atypisch, da die beiden kleinen Straßen nicht rechtwinklig von der Humboldtstraße abzweigen, sondern ein kurzes Stück parallel zu ihr laufen – so wie es der Planung des Platzes entsprochen hätte."

Mit viel Fantasie kann der Betrachter sich jetzt vorstellen, dass hier einst ein großer Marktplatz entstehen sollte. Dass das Viertel nun so aussieht, wie es aussieht, ist also Bauern zu verdanken, die für ihre Rechte kämpften.

## *So geht's zum Straßeneck:*

*Es ist eine der äußere Begrenzungen des nie gebauten Markplatz. Dieser befände sich im Viereck der Schweizer Straße, Wielandstraße, Am Bredenkamp und Horner Straße.*

*Das kleine Engelchen zieht mit aller Kraft am Seil, um die Glocke zu schlagen.*

29

# Engel mit Glocke

## Nichts Genaues weiß man nicht

„Fest gemauert in der Erden / steht die Form aus Lehm gebrannt. / Heute muss die Glocke werden! / Frisch, Gesellen, seid zur Hand!" Eins ist sicher: Mit Friedrich Schillers berühmtem *Lied von der Glocke* hat das Gebäude an der Domsheide, das den Namen „Die Glocke" trägt, rein gar nichts zu tun. Was aber eine unumstößliche Tatsache ist: Die Glocke gilt als einzigartiges Konzerthaus, da sie über eine hervorragende Akustik verfügt. Schon Dirigenten wie Herbert von Karajan (1908-1989) und die walisische Opernsängerin Margaret Price (1941-2011) schwärmten von dem erstklassigen Konzertsaal. Und das kleine Stuckengelchen, das über dem Eingang sitzt und die Glocke läutet, ist sichtlich stolz auf die Bedeutung dieses Hauses und betrachtet jene, die hier ein und ausgehen. Seinen wachsamen Augen entgeht sicher keiner der Besucher! Auch Stadtführer Joachim Bellgart hat das Engelein schon erblickt. Nicht einmal, nicht zweimal, sondern gleich mehrfach. Schließlich hat der Stadtführer sich intensiv mit der Geschichte des Konzerthauses mit dem aus Backstein gebauten Treppengiebel auseinandergesetzt und nachgeforscht, wie das Gebäude zu seinem Namen kam – und das Engelein zu seiner Glocke. „Es ist beinahe ein Mythos", so der Stadtführer, „und es gibt so einige Ansätze."

Der erste findet sich im *Archiv der Glocke Veranstaltungs-GmbH.* In den dortigen Akten ist nachzulesen, dass der Name auf dem Vorschlag von Julie Apelt, Ehegattin des damaligen Bremer Senators Hermann Apelt (1876-1960), basiert. „Ein geplantes Preisausschreiben, um dem Neubau einen passenden Namen zu geben, wurde im Anschluss abgesagt", weiß Joachim Bellgart zu berichten und mutmaßt: „Der Vorschlag von Julie Apelt hat sich wohl durchgesetzt." Der Stadtführer zuckt mit den Achseln: „Nur musste ja auch Frau Apelt ihre Idee und Inspiration irgendwo herhaben."

*Joachim Bellgart hat sich mit der Geschichte des Konzerthauses befasst.*

Der Autor Kristian Klooß ist, wie er in einem Vortrag sagte, der Ansicht, dass außerdem einst ein Schriftsteller beauftragt wurde, eine Geschichte zur Glocke aufzuschreiben, in der die Namensgebung geklärt wird. Dieser Schriftsteller, sein Name ist unbekannt, ließ kleine, freche Teufelchen erstehen, die es schafften, in den Domturm zu gelangen, um dort die Glocke zu läuten. Daraufhin kamen die Mönche des Klosters nebenan herbeigerannt und wurden von einer Schar kleiner Teufelinnen mit den leckersten Speisen beschenkt. Ein schönes Märchen, aber sicher nicht zielführend. Also weiter.

Auf den Spuren von Variante 3 umrundet Joachim Bellgart den Gebäudekomlex einmal, um den dort stehenden Anbau genauer zu betrachten. „Das ist das Oktogon", erklärt er. Mächtig ragt der achteckige Turm, in dem heute die feudalen Künstlergarderoben für die Maestros und Diven untergebracht sind, in den Bremer Himmel. „Vor dem 18. Jahrhundert stand an dieser Stelle ein sechseckiges Gebäude mit einem Zwiebelturm, und das gehörte zum Domkapitel Bremen", erläutert der Stadtführer. „Dieser Zwiebelturm hatte – mit etwas Fantasie – eine entfernte Ähnlichkeit mit einer Glocke, weshalb er auch diesen Spitznamen erhielt." Nur war er sechseckig, der Bau hier aber nennt sich Oktogon, Achteck! „1737 wurde das sechseckige Gebäude nach den Plänen des Dom-Intendanten und Baumeisters Caspar Friedrich Renner durch ein achteckiges Backsteingebäude ersetzt. Das ist das Gebäude, vor dem wir jetzt stehen – der Spitzname *Glocke* aber blieb."

Und welche Version der Namensgebung stimmt nun? „Ich denke, die vom sechseckigen Turm mit dem Spitznamen *Glocke*", meint der Stadtführer. „Solche Namen setzen sich in den Köpfen der Menschen auch über Jahrhunderte fest, und so halte ich diese Theorie für die wahrscheinlichste."

Eigentlich ist es auch gleichgültig, ob kleine Teufelchen eine Glocke geschlagen und Mönche verführt haben. Ob die Frau des Senators sich von den wunderbaren Konzerten zu dem Namen inspiriert sah oder ob ein alter Turm aus dem 15. Jahrhundert ihr den Namen gab. Die Glocke ist eben *Die Glocke*.

Das kleine Engelein über dem Eingang würde dem sicher zustimmen!

### *So geht's zum Engel mit Glocke:*

*Das Relief vom Engel mit Glocke ist über dem Haupteingang des Konzerthauses Die Glocke in der Bremer Innenstadt direkt an der Domsheide zu finden.*

SCHNÜRSCHU
THEATER
Deutschland
Land der Ideen
145
Maske

30

# Flohkiste

## Spaß für 75 Pfennig

Flöhe in Bremen? Klingt ein wenig besorgniserregend und ruft bei manchem sicherlich sogleich einen Juckreiz hervor. Zur Beruhigung sei versichert: Es handelt sich nicht um die kleinen, nervigen Krabbeltierchen, sondern um ein Haus, das als „Flohkiste“ in die Geschichte eingegangen ist und heute ganz anders heißt, nämlich „Schnürschuhtheater“.

Angelika Griese ist in dem Viertel aufgewachsen, in dem das hell gestrichene Gebäude steht, das erst die Flohkiste und dann, seit 1994, das Schnürschuhtheater beheimatete. „Definitiv ein wichtiger Baustein in der Kulturszene Bremens“, ergänzt sie zum Schnürschuhtheater. Der Spielplan gibt ihr recht. Ein wichtiger Baustein in der Kulturszene Bremens war auch der Vorgänger, die Flohkiste. Die heutige Schriftstellerin hat dort zahlreiche unbeschwerte Jugendtage verbracht.

***„Definitiv ein wichtiger Baustein in der Kulturszene Bremens.“***

Der Stadtteil Buntentor beherbergte schon immer Handwerksbetriebe, bekannt waren vor allem die hier ansässigen Zigarrenmacher. Zudem siedelten sich viele Arbeiter an und prägten die Bevölkerung. Hier lebte die arbeitende Schicht, nicht die feine Bremer Gesellschaft. „Das hat sich bis in die 50er-Jahre so gehalten“, weiß Angelika Griese zu berichten. „Es war ein unglaublich kinderreiches Viertel mit vielen Kneipen, Blumengeschäften, Schlachtereien, Bäckereien, Obst- und Milchgeschäften, Schustern, Fisch- und Kolonialwarenläden. Wenn ich am Samstagvormittag zum Einkaufen verdonnert wurde, war ich stundenlang unterwegs. Nur zum Bäcker musste ich nicht“, sagt sie lachend, „eine Bäckerei hatten wir selbst.“

Ihr Vater, Bäcker Trage, war wegen seines Humors und seiner Gutmütigkeit sehr beliebt. Sie erzählt, wie er am Vormittag, wenn der Butterkuchen fertig war, die Backstubenfenster aufriss und die Kinder

*Sooooo viel Spaß hatte sie hier einst: Angelika Griese steht mit ausgebreiteten Armen vor der ehemaligen „Flohkiste“.*

rief. „Dann verteilte er Kuchenrinden" – in der Nachkriegszeit ein Leckerbissen! Häufig gab es einen Klacks Sahne auf die Hand gespritzt. Das Leben der Kinder spielte sich auf der Straße ab. Völkerball, Fußball, Versteckspiel (häufig unerlaubt in Ruinen), Rollschuhlaufen, Klingelstreiche und – wie man auf bremisch so schön sagt – Hinkellapinkel und Marmelspiele.

„Langeweile kannten wir nicht", verrät Angelika Griese, „und schon gar nicht am Wochenende." Die Kinder freuten sich die ganze Woche über auf den Sonntag, weil es dann Kinderkino in den Buntentor-Lichtspielen gab, „von uns liebevoll *Flohkiste* genannt." Das Kino hieß im Volksmund so, weil es viel größere Lichtspielhäuser gab und es wirklich klein und beschaulich war." Angelika Griese erinnert sich noch gern an die Zeit in den Buntentor-Lichtspielen. „Wir wurden jeden Sonntag um 14 Uhr dort hingeschickt, mit 75 Pfennig in der Hand", erklärt sie. „In einigen Familien waren die Wohnverhältnisse sehr beengt. Es gab Spielkameraden, die in den 1950er-Jahren im Souterrain wohnten. Und so waren die Eltern froh, die Kinder gut untergebracht zu wissen und selbst mal freie Bahn zu haben."

*In der ehemaligen Flohkiste befindet sich heute das Schnürschuhtheater.*

Der Ablauf eines solchen Kino-Nachmittags ist der Schriftstellerin noch immer präsent: „Zuerst flimmerte die *FOX Tönende Wochenschau* über die große Leinwand." Darin wurde über die aktuelle politische Situation berichtet, aber auch Sport- und Kulturereignisse kamen nicht zu kurz. Nach der Langnese-Werbung ging das Licht an und die Platzanweiserin kam mit ihrem Bauchladen und den Eisspezialitäten ins Kino. Dann begann endlich der Film. „Bei *Bambi* habe ich Tränen vergossen und mich bei *Dick und Doof* amüsiert.“ Manchmal gab es auch live ein Kaspertheater auf der Bühne. „Als Teenager freuten wir uns auf die Musikfilme mit Conny Froboess, Peter Kraus und Elvis Presley. Oder auch auf Western mit klangvollen Namen wie *Am Fuß der blauen Berge*. Meinen ersten Kuss habe ich in der letzten Reihe bei fast völliger Dunkelheit bekommen. Auch eine schöne Erinnerung an die Flohkiste“, sagt sie schmunzelnd.

***„Bei ‚Bambi‘ habe ich Tränen vergossen und mich bei ‚Dick und Doof‘ amüsiert.“***

Die Buntentor-Lichtspiele haben unter verschiedenen Betreibern von 1924 bis 1962 existiert. Anschließend wurde das Gebäude unterschiedlich genutzt. Angelika Griese erinnert sich, dass sich 1963 in dem Haus der Königreichssaal, der Gemeindesaal der Zeugen Jehovas, befand. „Als das Kino schloss und sie dort einzogen, war die Empörung groß“, erzählt sie. „Ich mag es, dass unsere Flohkiste mit dem Schnürschuhtheater wieder zu einer – wenn auch anderen – Spielstätte geworden ist.“

### *So geht’s zur Flohkiste:*

*Die „Flohkiste“ befand sich im heutigen „Schnürschuhtheater“ am Buntentorsteinweg 145 / Ecke Gellertstraße im Stadtteil Buntentor.*

HOCHWASSER-
STAND
IM WINTER DES
JAHRES 1880

31

# Hochwassermarken

## Die große Flut im Bürgerpark

Kaum zu glauben, dass hier mal alles unter Wasser stand! Der Nachweis dafür ist an der großen steinernen „Emmabank" aus dem Jahr 1868 im Bürgerpark zu finden. Dort sind die Hochwassermarken an der mittleren Säule der hinteren Wand eingeritzt. „Bis hier ging die Flut. Mitten in der Stadt, mitten in diesem Park konnte man nicht einmal mehr stehen", unterstreicht Peter Strotmann, der auch weiß, dass die unscheinbare Hochwassermarke von den meisten Passanten schlichtweg übersehen wird. Der Strich markiert den Hochwasserstand im Winter 1880. Zweieinhalb Monate später traf es die Stadt ein zweites Mal.

„Bei diesen Hochwassern handelte es sich um sogenannte Binnenhochwasser", erklärt er. Beim Hochwasser vom 29. Dezember 1880 war der Pegel der Wümme durch tagelange Regenfälle stark angestiegen. Der linksseitige Wümmedeich zum Blockland hin war damals sehr schmal, dafür aber steil errichtet worden. In den engen Windungen staute sich das Wasser rasch auf. Es wusch die flusszugewandten Deichseiten aus, es drang in das Erdreich ein und trat auf der landzugewandten Seite wieder hervor. Die Binnenböschung rutschte von Burgdamm bis Borgfeld ab. Peter Strotmann erzählt: „Die Wassermassen brachen in Höhe Niederblockland, genau zwischen den Hausnummern 15 und 16, durch den Deich. Das Wasser überschwemmte das Blockland, Findorff und Teile von Schwachhausen, aber auch Lilienthal war nicht unverschont geblieben." Anfang Januar 1881 kam der Frost und das gesamte Gebiet wurde zur Eisfläche. Die Wassermassen der Wümme vor dem Deich hatten ein tiefes Loch ausgespült: Das ist der heutige acht Meter tiefe Niederblocklandsee.

***„Das Wasser überschwemmte das Blockland, Findorff und Teile von Schwachhausen, aber auch Lilienthal war nicht unverschont geblieben."***

*Peter Strotmann zeigt, wie hoch das Wasser stand.*

Während im Norden der Stadt das Wasser der Überschwemmungskatastrophe von 1880 noch auf den Feldern stand, drohte von Süden her ein neues Hochwasser. Durch starkes Tauwetter in den Mittelgebirgen schwoll die Weser sehr schnell an. Am 19. Februar 1881 brach der Fluss durch den linksseitigen Deich bei Thedinghausen. Dadurch konnten die Ochtumdeiche den Wassermassen nicht mehr standhalten, sie brachen unter anderem über die Dörfer Stuhr, Varel, Moordeich, das Niedervieland und Huchting herein. In Huchting stand das Wasser 70 Zentimeter hoch. Am 13. März schließlich gaben noch mehrere Deiche nach und das Wasser erreichte die Bremer Innenstadt, die Neustadt und auch den Bürgerpark. „Die Altstadtdüne, mit der Domdüne als höchstem Punkt, soll wie eine Insel aus der Wasserfläche herausgeragt haben", bemerkt Peter Strotmann. Rund 30 Quadratkilometer Fläche seien überflutet gewesen.

„Für diese Fluten gibt es noch andere Erinnerungsmarken", verrät Peter Strotmann. Sie sind an der Polizeistation an der Parkallee, am Concordenhaus im Schnoor, im Bürgerpark und am Deichschart in der Neustadt zu finden. „Besonders gut ist der Wasserstand an einem in der Martinikirche angebrachten Schild zu sehen. Dort stand das Wasser knapp einen Meter hoch im Kirchenraum", sagt er.

*An der Emmabank befindet sich auch eine winzige Erinnerung an ein schlimmes Hochwasser.*

Ist Bremen in der heutigen Zeit denn gerüstet gegen derartige Hochwasser? „Wie man's nimmt", sagt Peter Strotmann. „Ausschließen kann man solche Fluten nie. Immer wieder gibt es Binnenhochwasser, die entweder durch Niederschläge oder durch Schneeschmelze der Weser Wasser aus den Mittelgebirgen zuführen." Das war früher seinen Recherchen zufolge sogar teilweise erwünscht, da das Wasser auch die Marschböden mit Mineralien überschlickte. Doch manchmal brachte es eben auch Zerstörung. So schlimm wie damals dürfte es die Hansestadt aber nicht mehr treffen, vermutet Strotmann: „Insbesondere durch das 1911 in Betrieb genommene Weserwehr und den verbesserten Deichbau ist Bremen vor diesem Hochwasser wahrscheinlich bestens geschützt", stellt der Heimatforscher fest. „Zwar drücken Sturmfluten der Nordsee das Weserwasser stromaufwärts nach Bremen hinein, welches dann nicht mehr abfließen kann. Doch zahlreiche Maßnahmen wurden ergriffen, damit es durch diese Sturmfluten nicht zu Überschwemmungen kommt." Zum Beispiel die dauernde Pflege und Erhöhung der Deiche, um die Weserzuflüsse in Ochtum und Lesum durch Sperrwerke zu unterbinden, sowie die Schaffung von Hochwasseraufnahmeräumen. „Hoffen wir also das Beste", schließt Peter Strotmann.

***„Zwar drücken Sturmfluten der Nordsee das Weserwasser stromaufwärts nach Bremen hinein, welches dann nicht mehr abfließen kann."***

Und da steht sie, die steinerne Emmabank, als Zeugin zweier verheerender Fluten. Sie trägt die in Stein gemeißelte Inschrift *Hochwasserstand Winter des Jahres 1880*. Bleibt zu hoffen, dass sie kein drittes Mal nasse Füße bekommt.

## *So geht's zu den Hochwassermarken:*

*Die Hochwassermarken befinden sich an der Emmabank im Bürgerpark an der rechten Seite der mittleren Säule.*
*Die Emmabank steht gegenüber dem Ausflugslokal „Emma am See".*

*Marita Filipowsky genießt den Blick auf die idyllische Hafenanlage vom Hohentorshafen.*

32

# Hohentorshafen

## Einst herrschte hier reges Treiben

Ein paar Motor- und Segelboote schaukeln in dem kleinen Hohentorshafen und auch eine Bootswerft ist dort zu finden. Dieser Ort an der Weser hat etwas Idyllisches. „Ich mag den Hafen und finde, er ist etwas Besonderes", sagt Marita Filipowsky. Die Alt-Bremerin bezeichnet sich selbst als historische Spurensucherin und lebt inzwischen in Berlin. Sie ist sich sicher: „Zwar kennt jeder Bremer diesen Hafen, aber kaum jemand weiß, dass es einst ein Sicherheitshafen war."

Ein Sicherheitshafen, auch „Winterhafen" genannt, diente unter anderem als alternative Anlegestelle, aber auch als eisfreier Hafen im

Winter. Außerdem sollte er Schutz bei Unwettern, Niedrig- oder Hochwasser bieten. Damit er auch im Winter als „sicherer Hafen" genutzt werden konnte, musste natürlich die Zufahrt eisfrei bleiben. „Vom Hafen setzte auch eine Fähre auf die andere Seite der Weser über", weiß Marita Filipowsky. Daran erinnert heute noch die Gaststätte „Zur Fähre". Die Fähre legte auf der gegenüberliegenden Seite des Flusses in der Straße Fischerdeich in Muggenburg an. „Dort in etwa, wo sich jetzt Kelloggs befindet", sagt die Alt-Bremerin.

Der Sicherheitshafen, um 1840 gebaut, wurde rasch erweitert, und zu einem Holzhafen umgebaut. Im *Jahrbuch der Hafenbautechnischen Gesellschaft* ist zu lesen: „Mit der weiteren Entwicklung der Stadt nahm auch der Holzhandel einen großen Aufschwung und es bestand der Bedarf für einen Holzhafen."

Diese Erweiterung klingt einfacher, als sie war: Um sie umzusetzen, musste parallel zum Woltmershauser Deich ein neuer Kanal gebaut werden, der dem Sicherheitshafen zugeschlagen wurde. „Der Kanal hatte eine Länge von rund 700 Metern", weiß Marita Filipowsky, „und er wurde im Jahr 1873 nochmal verbreitert." Der alte Sicherheitshafen mauserte sich nach und nach zum wichtigsten Holzhandelshafen der Stadt. Um 1900 bekam er seinen heutigen Namen: Hohentorshafen.

***„Der Kanal hatte eine Länge von rund 700 Metern, und er wurde im Jahr 1873 nochmal verbreitert."***

Inzwischen findet hier kein Umschlag mehr statt, weil die meisten der Unternehmen ringsum nicht mehr auf einen Hafen angewiesen sind. „Die anderen haben sich am Freihafen angesiedelt", so Marita Filipowsky. Der Hohentorshafen lädt nun dazu ein, auf die Schiffchen und die Bootswerft zu blicken und von früheren Zeiten zu träumen. Von einem einstigen Winter- oder Sicherheitshafen ist wirklich nichts mehr zu erkennen.

## *So geht's zum Hohentorshafen:*

*Der Hohentorshafen liegt direkt an der Straße Zum Hohentorshafen auf der linken Seite.*

# Fangturmpflasterung

## Steine mit Bedeutung

Manchmal liegt die Geschichte auf der Straße – und wer den Blick nach unten richtet, kann sie erkennen. So auch im Stephaniviertel auf dem Parkplatz Fangturm. Als Erstes fällt die ungewöhnliche Pflasterung auf, die auf der Fahrbahn beginnt und sich in achteckiger Form über den Parkplatz fortsetzt. Stadtführer Arthur Zapf hat sie nicht nur einmal komplett abgeschritten, sondern ist auch der Frage nachgegangen, was es damit auf sich hat. Er fand heraus, dass die Pflasterung den Umriss des einstigen Turms anzeigt: „Es ist wirklich kaum zu glauben, dass sich hier einmal ein Turm und die Stadtmauer befunden haben."

Dieser sogenannte „Fangturm" war ein Teil der ab 1220 errichteten, Stadtbefestigung, hat Bremen nach Westen hin abgesichert und war ziemlich mächtig. „Das Stephaniviertel, übrigens eines der ältesten Stadtviertel Bremens, war zu dieser Zeit nicht in die Stadtbefestigung mit einbezogen, obwohl es mit der Kirche schon Pfarrrechte besaß", berichtet der Stadtführer. Wenn die Bürger die Stadt über die Hutfilterstraße verlassen wollten, erreichten sie eine schmale Pforte in der Stadtmauer, die „Am Brill" genannt wurde. Diese Bezeichnung stammt aus dem Lateinischen und bedeutet so viel wie Öffnung oder Loch. „Daher auch die Bezeichnung Klobrille", ergänzt Arthur Zapf amüsiert. Von hieraus ging es dann links zur Weser und zum Fangturm. Von der Langenstraße kommend, wurde das Stephanitor passiert, auch die „Natel" genannt, als wirkliches Stadttor.

***„Das Stephaniviertel, übrigens eines der ältesten Stadtviertel Bremens, war zu dieser Zeit nicht in die Stadtbefestigung mit einbezogen, obwohl es mit der Kirche schon Pfarrrechte besaß."***

In einer Veröffentlichung des Bremer Staatsarchivs schreibt Karolin Bubke: „Ab dem 16. Jahrhundert war die innerstädtische Stadt-

*Arthur Zapf steht neben der Plakette die den Mittelpunkt des Fangturms darstellt.*

mauer überflüssig und sogar hinderlich geworden, denn das Stephaniviertel war vom Ansgaritor bis zum Stephanizwinger durch eine neue Mauer geschützt. Der Fangturm diente aber weiterhin militärischen Zwecken, um den Schutz an der Weser zu gewährleisten. Zusätzlich ist seine Nutzung als Gefängnis dokumentiert."

*Die Pflasterung, die den Fangturm andeutet, hebt sich deutlich von der Straße ab.*

Aber das ist noch lange nicht das Ende der Geschichte: Der Turm wurde 1590 in den Bau des neuen Kornhauses integriert. Dort war der Kornzins, eine Getreideabgabe, eingelagert. 1927 wurde die städtische Pfandleihe eingerichtet. Thomas Kuzaj schreibt in der *MK Kreiszeitung* vom 28.11. 2016: „Man freute sich darüber. Denn die Pfandleihe nutzte einen Teil des Turms als Tresor. Auch dafür eigneten sich die drei Meter dicken Mauern ziemlich gut." Arthur Zapf bedauert: „Im Zweiten Weltkrieg wurde das Stephaniviertel in Schutt und Asche gelegt. Eine Zeit, die Bremen wohl nie vergessen wird."

Vergessen wollte die Stadt auch ihren Turm nicht, weshalb sie ihm mit dieser Pflasterung ein Denkmal setzte. Geblieben von der langen Geschichte ist ein Parkplatz am Weserufer, wo man kaum noch erahnen kann, dass sich hier einst eine Stadtbefestigung mit einem Festungsturm befunden hat.

### *So geht's zur Fangturmpflasterung:*

*Die Pflasterung liegt im Stephaniquartier an der Weser auf dem Parkplatz Fangturm gegenüber dem Handelskontor Melchers.*

*Holger-Philipp Bergt am Eingang des heutigen Warenhauses.*

34

# Karstadt

## Knick in der Fassade

Viele Kauflustige strömen Tag für Tag in das traditionsreiche Warenhaus Karstadt in Bremen. Kaum jemand aber hebt den Blick zur Fassade in der Obernstraße. Und deswegen bemerkt auch kaum jemand, dass die Fassade des Traditionskaufhauses einen Knick aufweist. Karstadt-Chronist Holger-Philipp Bergt hat seit 30 Jahren eine der größten privaten Sammlungen zur Karstadt-Geschichte aufgebaut und pflegt enge Kontakte zur Handelskette Karstadt mit vielen jahrelangen Freundschaften zu einigen Mitarbeitern und Mitarbeiterinnen in verschiedenen Städten. Klar, dass er auch über den Knick Bescheid weiß, der im Jahr 1958 entstand.

Selbiger, erklärt der Experte, habe mit einer Erweiterung zu tun, die übrigens nicht nur in dem Knick, sondern auch darin sichtbar wird, dass die Fassade zwei verschiedene Steinarten und Steintöne aufweist. Dieser Anbau entstand in den 1950er-Jahren und der Knick war nicht dem Umstand geschuldet, dass der Architekt sein Handwerk nicht verstanden hätte, sondern der Tatsache, dass auch die Straße an dieser Stelle einen Knick macht.

Um dem weiter auf den Grund zu gehen, ist es hilfreich, der Geschichte dieses Geschäftshauses nachzuspüren. Und die Firmengeschichte von Karstadt ist ausgesprochen erfolgreich! Schon am 14. Mai 1881 eröffnete Rudolph Karstadt (1856-1944) sein erstes Geschäft in Wismar. Auf dem Grundstück dieses Hauses steht heute noch das 1908 errichtete Karstadt-Stammhaus, das kleinste aller Karstadt-Häuser des Unternehmens. Von dort setzte sich seine Erfolgsgeschichte fort.

*Bei genauem Hinsehen ist an der Fassade der Knick zu erkennen.*

„Auch das Bremer Haus hat eine sehr lange Tradition“, betont der Chronist. Es wurde 1902 als 25. Filiale des Unternehmens in der Sögestraße 33a gegründet. Hierbei handelte es sich um das Grundstück des heutigen Sporthauses, später kam noch das gegenüberliegende Gebäude dazu, das heute das Geschäft Lederwaren Dittfeld beherbergt. Bis 1922 kaufte Karstadt mehrere Firmen samt Bauten und Grundstücken in der Obern- und Sögestraße und eröffnete zudem 1908 ein Möbel- und ein Teppichhaus. Doch damit nicht genug, es bestanden schon die nächsten Neubaupläne für die Ecke Obern-/Sögestraße. „Dazu gibt es Entwürfe des Bremer Architekturbüros Behrens & Neumark aus der Zeit von 1922“, erzählt Holger-Philipp Bergt. „Sie liegen in den Bauakten im Staatsarchiv der Hansestadt Bremen.“

Forciert wurden die Expansionspläne 1927 durch die Absicht, einen Neubau im Karree der Obernstraße 5-19, der Sögestraße und der Großen Hundestraße zu errichten. „Selbstverständlich fürchteten viele Bremerinnen und Bremer in dieser Zeit um ihr hanseatisches

Stadtbild“, bemerkt Holger-Philipp Bergt. „Es mussten ja etliche Häuser abgerissen werden, und dieser riesige Bau ängstigte viele.“ Trotzdem kam es 1927 zum Vertragsabschluss zwischen Karstadt und der Stadt Bremen. „Welche Vereinbarungen genau getroffen wurden, ist etwas kompliziert“, sagt Holger-Philipp Bergt, „aber am Ende kam es unter anderem zur Verbreiterung der Obern- und Sögestraße.“ Der Vertrag zwischen den Parteien wurde im Sommer 1928 wirksam, danach begann der Abbruch der alten Gebäude. „1930 war dann das zukünftige Warenhaus-Grundstück frei“, berichtet Holger-Philipp Bergt, „aber es ging leider nicht so reibungslos weiter.“

***„Selbstverständlich fürchteten viele Bremerinnen und Bremer in dieser Zeit um ihr hanseatisches Stadtbild. Es mussten ja etliche Häuser abgerissen werden, und dieser riesige Bau ängstigte viele.“***

Durch die aus der Weltwirtschaftskrise 1929 resultierende sogenannte „Karstadt-Krise“ 1930 bis 1932 gerieten alle Neubaupläne des Unternehmens ins Stocken. 1931 trafen die Folgen Karstadt mit voller Wucht – die Geschäftsleitung hatte zur Expansion, Errichtung von Neubauten sowie zur Übernahme anderer Warenhausfirmen Kredite aufgenommen, deren Last Karstadt jetzt fast die Existenz gekostet hätte. Der Vorstand beschloss einen sofortigen Baustopp für fast alle Neubauten mit Ausnahme der bereits begonnenen Objekte. Das betraf die Warenhäuser in Bremen und Essen. Deshalb ging es in Bremen weiter und Karstadt konnte allen Widrigkeiten zum Trotz am 26. Februar 1932 die Eröffnung seines „Großwarenhauses Nordwestdeutschland“ feiern. „Eines der größten Karstadt-Warenhäuser Deutschlands“, sagt Holger-Philipp Bergt stolz.

Aber der Zweite Weltkrieg hat auch hier seine Spuren hinterlassen: Als am 6. Oktober 1944 einer der schwersten Bombenangriffe auf Bremen erfolgte, gab es weitreichende Zerstörungen in der Innenstadt. Auch das Karstadt-Warenhaus brannte völlig aus. Die Fassade wurde an der Ecke Obern-/Sögestraße im vierten und fünften Obergeschoss stark beschädigt.

Doch Karstadt gab nicht auf, und im Juli 1947 wurde das Warenhaus zunächst im wiederhergestellten Erdgeschoss auf 1.800 Quadratmetern neu eröffnet. „Aber damit gab man sich nicht zufrieden", erzählt Holger-Philipp Bergt weiter. „Bis 1952 kam es zum vollständigen Wiederaufbau, und danach war Karstadt Bremen Deutschlands größtes Warenhaus des Unternehmens", das mit der Erweiterung Mitte der 1950er-Jahre noch größer wurde. Angesichts dieser faszinierenden Tatsache stört der Knick in der Fassade nicht wirklich.

Abschließend fasst der Karstadt-Chronist zusammen: „Interessant ist, dass zwischen 1921 und 1929 insgesamt 16 Warenhäuser nach Plänen des Chefarchitekten Philipp Schaefer errichtet sowie neun Häuser erheblich umgebaut wurden." Schaefers Baustil sollte zum Markenzeichen des Unternehmens werden. Sämtliche Neubauten wurden in diesem Stil errichtet, anfänglich mit Schrägdach, wie beispielsweise in Wilhelmshaven, ab 1928 mit Flachdach sowie bei den größeren Häusern mit Dachterrassen-Gastronomie.

***„Interessant ist, dass zwischen 1921 und 1929 insgesamt 16 Warenhäuser nach Plänen des Chefarchitekten Philipp Schaefer errichtet sowie neun Häuser erheblich umgebaut wurden."***

In Bremen stand der einzige Neubau, der in Kooperation mit einem ortsansässigen Architekturbüro – Behrens & Neumark – geplant und umgesetzt wurde. So kann man anhand von wenigen Steinen eine Menge Geschichte des Warenhauses Karstadt in Bremen erfahren. Ein zweiter Blick lohnt hier tatsächlich.

### *So geht's zu Karstadt:*

*Das Karstadt-Gebäude steht in der Obernstraße / Ecke Sögestraße. Den Knick in der Fassade kann man von der Obernstraße aus am besten sehen.*

*Heinrich Lintze blickt den Radweg entlang und deutet dessen Breite an.*

35

# Radweg

## Breit und besonders

Radfahren ist nicht nur in Bremen eine beliebte Fortbewegungsart und eine wunderbare Alternative zum Auto oder dem Öffentlichen Personennahverkehr. Und natürlich sind Radwege ein wichtiger Bestandteil des Verkehrsnetzes, um diese Art der Fortbewegung attraktiv zu machen. Der Radweg an der Straße Auf den Häfen – zwischen der Albrecht- und der Heinrichstraße – hat noch dazu eine besondere Geschichte. Und er fällt auf, denn er ist sehr breit, was vor allem in diesem Viertel mehr als ungewöhnlich ist.

„Entstanden ist der Radweg vor über 40 Jahren, das weiß ich so genau, weil ich selbst dabei war und noch etliche Fotos davon habe, wie es hier einmal ausgesehen hat", beginnt Stadtführer Heinrich Lintze zu erzählen. Gehen wir also zurück ins Jahr 1981. Oder gleich noch ein Stückchen weiter, in die Zeit nach dem Zweiten Weltkrieg.

Der Straßenzug Auf den Häfen war im Krieg stark zerstört worden. Im Zuge des Wiederaufbaus plante der Bremer Senat den Bau des heute noch existierenden Rembertikreisels und dazu eine Autobahn quer durch die Stadt. Dabei war ein großer Kahlschlag der Straßen angedacht und wurde zum Teil auch durchgeführt. Viele Häuser hatte die „Bremische Baugesellschaft" in Zusammenhang mit der Verkehrsplanung aufgekauft, „entmietet" und verkommen lassen.

Aber an der Straße Auf den Häfen blieben zunächst zwei typisch Bremische Häuser stehen. Genau solche, wie man sie im Ostertorviertel heute noch findet. „Sie wurden natürlich nicht bezogen, denn langfristig war auch ihr Abriss geplant", fährt Heinrich Lintze fort. Aber wenn Wohnungsmangel herrscht oder allgemein Räume benötigt werden, rufen leerstehende Gebäude Unverständnis und Ärger hervor. „Für uns Homosexuelle war es schwierig, einen Raum zu erwerben, wo wir uns treffen konnten", erklärt Heinrich Lintze. „Deshalb hat eine Schwuleninitiative eines der leerstehenden Häuser besetzt und dort kurzerhand ein Schwulenzentrum eingerichtet."

***„Deshalb hat eine Schwuleninitiative eines der leerstehenden Häuser besetzt und dort kurzerhand ein Schwulenzentrum eingerichtet."***

Das passte zum Zeitgeist, denn im Jahr 1981 herrschte nicht nur bei den Studenten, sondern auch in der Homosexuellenszene Aufbruchstimmung. Die Lesben- und Schwulenbewegung schlug immer höhere Wellen, überall gründeten sich entsprechende Gruppen und der erste Coming-out-Ratgeber *Schwul - na und?* von Thomas Grossmann erschien. Zudem gab es Demonstrationen in Bonn und Frankfurt – und auch in Bremen.

„Dieses Zentrum war ungemein wichtig", erzählt Heinrich Lintze. „Die Homosexuellen brauchten Räumlichkeiten für die Kommunikation, und so entstand in dem besetzten Haus ein Zentrum der Schwulenkultur. Fast ein Jahr lang wurde das Gebäude genutzt, um schwule Begegnungen jenseits der kommerzialisierten Subkultur möglich zu machen."

Dann aber griff der Senat ein, nur hatten sich dessen Pläne inzwischen geändert. Anstelle des Baus einer Autobahn quer durch Bremen sollte nun ein Gebäude für behindertengerechtes Wohnen errichtet werden. Das Haus, in dem sich das Schwulenzentrum befand, wurde abgerissen.

Nun kommt auch der Radweg ins Spiel: „Die Verantwortlichen bauten dieses Haus in Blockrandbebauung weiter zurück, so dass mehr als ein schmaler Bürgersteig vor dem Gebäude möglich war." Auf dem verbreiterten Vorgelände sowohl dieses Hauses als auch der anderen entstand ein sehr breiter Radweg, der bis heute in die Innenstadt führt. Ganz zum Vergnügen der Radfahrer, denn wo haben sie sonst so viel Platz und eine wunderbar ausgebaute Strecke? Da der Radweg richtig gut angenommen wird, ist er mittlerweile nur noch stadtauswärts von Radlern befahrbar. In Richtung Stadt sind die Radfahrer gehalten, die Straße zu nutzen.

***„Die Verantwortlichen bauten dieses Haus in Blockrandbebauung weiter zurück, so dass mehr als ein schmaler Bürgersteig vor dem Gebäude möglich war."***

Auch die Homosexuellen bekamen eine neue Heimat: „Das Schwulenzentrum ist jetzt zwei Straßen weiter angesiedelt", sagt Lintze. Damals waren die Häuserpreise noch so günstig, dass sich die Initiativgruppe den Kauf eines Hauses in der Theodor-Körner-Straße leisten konnte. Es gelang ihr – bei tätiger Unterstützung durch den ehemaligen Bürgermeister Henning Scherf – viele Spenden einzusammeln.

Da fahren also Tag für Tag begeisterte Radler über den wunderbar breiten Radweg – und kaum jemand weiß, dass hier die Wiege der Homosexuellenszene von Bremen stand. Wieder etwas dazugelernt!

### *So geht's zum Radweg:*

*Der Radweg verläuft an der Straße Auf den Häfen am Rembertikreisel.*

SBM
HR
CW
HM
ISG
LBM
FHH
IFD
HSC

36

# Initialen

## Geheimnisvolle Inschrift

L*C/ GHE / SBM / HR / CW / HM / ISG / LBM / FHH / IFD / HSG.* Alles klar? Nein? Kein Wunder! Wer sollte mit diesen Aneinanderreihungen von Buchstabenkombinationen auch etwas anfangen können! Thomas Begerow kann. Aber auch er hat eine ganze Weile gebraucht, um herauszufinden, was hinter den Initialen steckt, die in einen steinernen Pumpbrunnen in der Alten Hafenstraße eingemeißelt sind. Um das zu erklären, muss er etwas weiter ausholen: „Bis ins späte 19. Jahrhundert gab es keine öffentliche Wasserversorgung", erklärt der Historiker Begerow die große Bedeutung, die der Pumpbrunnen einst hatte. Die Menschen holten ihr Trinkwasser aus eigenen Zisternen oder mussten Wassergeld an jene zahlen, die einen Brunnen besaßen. Das Wasser der Weser war kaum genießbar. Allein schon wegen der Tide ist es salzhaltig. Und bei Feueralarm wurde schnell Löschwasser benötigt. „Man brauchte also Brunnen und Pumpen", resümiert Thomas Begerow, „und die schlug man in Eigeninitiative selbst."

Dazu taten sich in diesem Fall elf Leute zusammen, um einen Brunnen bauen zu lassen, sie fungierten als Aktionäre. Diese hatten freie Nutzung, andere mussten Wassergeld bezahlen. „Um 1860 gab es in Vegesack fünf solche Gemeinschaftsbrunnen", weiß Thomas Begerow. Einem davon hat die damalige Brunnenstraße ihren Namen zu verdanken, sie führte vom oberen Abschnitt der heutigen Reeder-Bischoff-Straße bis zum kleinen Markt. Erst in den Jahren 1891/92 wurden die Brunnen durch den Bau eines Wasserwerks mit Wasserturm abgelöst, Vegesack erhielt eine zeitgemäße Wasserversorgung, was vor allem für die damals prosperierende Industrie wichtig war. „Das Wasserwerk steht heute noch", ergänzt Thomas Begerow. Das damals überschüssig geförderte Wasser wurde im Wasserturm in der Bermpohlstraße am Sedanplatz gespeichert. Der Bremer schildert, wie schwierig es noch im 19. Jahrhundert gewesen war, ausreichend sau-

*Die Sandsteinsäule, die einst ein Brunnen war, steht heute neben dem KITO.*

beres Trinkwasser zu bekommen, und erzählt: „Daher wurde früher viel mehr Bier getrunken, aber es war weniger stark als heute. Kleinere Brauereien gab es zahlreich, und eine befand sich im Alten Packhaus von 1740, dem heutigen KITO, gleich neben der Säule.“ Und an ebenjener Säule befinden sich unter der Jahrzahl *1755* die Buchstabenkombinationen, elf an der Zahl:

*LC / GHE / SBM / HR / CW / HM / ISG / LBM / FHH / IFD / HSG.*

„Das sind die Initialen der elf Brunnenaktionäre“, erklärt der passionierte Genealoge, „damit haben sie ihren Brunnen gekennzeichnet.“ Er konnte auch einige der Anteilseigner identifizieren: *GHE* bezeichnet den seit 1725 in Vegesack tätigen Apotheker Georg Heinrich Edzard (†1758), dessen Apotheke an der Hafenstraße lag. *LC* ist der damalige Steuereinnehmer Lüder Clüver (1696-1756), zwei Schiffer *HR* Hinrich Rüter (1716-1769) und *CW* Cord Wieting (1700-1790), beteiligten sich ebenfalls.

*Hier sind die Inschriften auf der Säule zu erkennen.*

Außer den Initialen gibt es noch eine Inschrift, die aufgrund von Witterungseinflüssen und Schäden teilweise nur noch schwer zu entschlüsseln ist. Mit viel Geduld ist Thomas Begerow aber auch das gelungen. Er liest die untereinanderstehenden Worte vor: ALLEN / ZU GE / FALLEN / IST / EINE / GROSSE / KUNST / WOLL / DEM / DER / BLEIBT / IN / GOTTES / GUNST.

Dieses alte Sprichwort leitet sich vom lateinischen „Nemo placet omnibus“ ab, im Englischen würde man sagen, „You can‘t be everybody‘s darling“.

Das will in diesem Kontext wahrscheinlich heißen: Man kann sein Wasser nicht mit allen teilen.

Die Säule ist übrigens nicht nur zweckmäßig, sondern ausgesprochen hübsch gearbeitet. Gekrönt wird sie von einer Kugel mit floraler Verzierung, ein Ornament, das die distelartige Gestalt der Akanthus-Pflanze aufgreift. Eine Blumenranke ziert die rechte Seite. Erhalten geblieben ist auch ein kunstvoll geschmiedeter Pumpenschwengel. Gebaut wurde die Pumpsäule im Jahr 1755 und sie ist bereits zwei Mal umzogen, wie Thomas Begerow zu berichten weiß: „Sie stand ursprünglich vor dem Haus Alte Hafenstraße 20. Dort war sie dem zunehmenden Verkehr aber im Wege und wurde daher an die Ostseite des Havenhauses versetzt, wo sie nicht mehr in Betrieb genommen wurde. Im Jahr 1985 wurde die Säule restauriert und nach einem erneuten Umzug neben dem Alten Packhaus aufgestellt."

***„Im Jahr 1985 wurde die Säule restauriert und nach einem erneuten Umzug neben dem Alten Packhaus aufgestellt."***

Leider fristet die Pumpensäule heute ein etwas trostloses Dasein und könnte erneut eine Restaurierung vertragen. Aber vielleicht wird ihr nun ein wenig mehr Beachtung geschenkt, war sie doch früher wichtig für das Leben in Vegesack. Eine kunsthandwerkliche Zierde mit einer allgemeingültigen Botschaft ist sie noch immer.

## *So geht's zu den Initialen:*

*Die Sandsteinsäule samt Initialen steht neben dem Alten Packhaus, das heute das Kultur-Büro KITO und das Overbeck-Museum beherbergt, Alte Hafenstraße 30.*

# Akt

## Der erste Blick täuscht

Schaut sie ernst? Oder wissend? Oder doch etwas unsicher? An beiden Seiten vom Eingang des Paula Modersohn-Becker Museums hängt derselbe Ausschnitt eines Bildes der berühmten Bremer Künstlerin und es scheint, als handele es sich lediglich um ein Porträt. Doch der Eindruck täuscht. Kirsten Vogel weiß: „Dieses Bildnis ist nur der Teil eines großen Ganzen, und es ist noch so viel mehr!" Also lohnt ein zweiter Blick, wie so oft. „Vorab", verrät die Schauspielerin, „es ist ein Ausschnitt aus dem Akt mit dem Namen *Selbstbildnis am 6. Hochzeitstag von 1906*. Die Malerin ist im Original nicht nur nackt, sondern auch scheinbar schwanger."

Kirsten Vogel hat sich intensiv mit Paula Modersohn-Becker befasst und leitet Führungen, szenische Programme und Schreibseminare im Museum. „Man kann sich schon fragen, warum man ausgerechnet den Ausschnitt aus diesem Kunstwerk gewählt hat", sagt sie. „Ich denke, weil es ein sehr intimes Bild von ihr zeigt."

Paula Becker (1876-1907) zieht mit ihrer Familie im Jahr 1888 nach Bremen in die Schwachhauser Chaussee 23 (heute Schwachhauser Heerstraße). Bei ihrer Erziehung legen die Eltern den Fokus sehr auf Kunst, Musik und Literatur. Paula reist viel, unter anderem besucht sie vier Mal Paris. Zurück in Deutschland lässt sie sich in der Künstlerkolonie Worpswede nieder. Ihre Werke werden erstmals 1899 in der Kunsthalle Bremen ausgestellt und anschließend in der Presse verrissen.1901 heiratet Paula den Maler Otto Modersohn, sie leben weiterhin in Worpswede. Ihr Mann zeigt großes Verständnis für ihre Kunst und ermöglicht ihr weitere Aufenthalte in Paris. Doch sie ist nicht uneingeschränkt glücklich in ihrer Ehe, wie einigen Tagebuchaufzeichnungen zu entnehmen ist.

Stattdessen sehnt sie sich nach Paris. Die Stadt des Lichts ist für Paula Modersohn-Becker Inspiration pur. Angeregt von den Arbeiten der Pariser Maler, entwickelt sie ihren eigenen Kunststil und beginnt,

*Kirsten Vogel kennt die Hintergründe des Kunstwerks.*

auch Akte von sich selbst zu malen. Über diese Selbstporträts schreibt Heinrich Vogeler in seinen Erinnerungen *Werden*: „Paula Becker malte sich häufig selber. Es sind außer dem liebreizenden einfachen Bildnis aus der Frühzeit meist Selbstbildnisse einer ihrer Kraft bewußt werdenden Frau, die Oberlippe verlor ihre Weichheit, energisch unterstreicht sie den klaren, beobachtenden Blick der Augen."

Paula Modersohn-Becker emanzipiert sich, sucht den Blick nach innen, und ihr wird deutlich, dass das Leben endlich ist.

Am 26. Juli 1900 schreibt sie in ihr Tagebuch: „Ich weiß, ich werde nicht sehr lange leben. Aber ist das denn traurig. Ist ein Fest schöner, weil es länger ist? Und mein Leben ist ein Fest, ein kurzes, intensives Fest. […] Und wenn nun die Liebe mir noch blüht, vor dem ich scheide, und wenn ich drei gute Bilder gemalt habe, dann will ich gern scheiden mit Blumen in den Händen und im Haar."

*Der Ausschnitt aus dem Bild „Selbstbildnis am 6. Hochzeitstag" hängt beidseitig am Eingang des Paula Modersohn-Becker Museums.*

Im Jahr 1906 intensiviert sie die Selbstportraits. Paula Modersohn-Becker sucht auch die Unabhängigkeit von ihrem Mann, sie will sich weiterentwickeln. Sie ist eine Suchende auf dem Weg zu sich selbst. An Rainer Maria Rilke schreibt Paula Modersohn-Becker aus Worpswede am 17. Februar 1906 in einem Brief: „Und nun weiß ich gar nicht, wie ich mich unterschreiben soll. Ich bin nicht Modersohn und ich bin auch nicht mehr Paula Becker. Ich bin Ich und hoffe, es immer mehr zu werden. Das ist wohl das Endziel von all unserem Ringen."

Für Kirsten Vogel spiegelt sich in diesen Worten der innere Antrieb wider, der Paula zu dem genannten Bild geleitet hat. „Es geht in dem Akt nicht um Erotik", erläutert sie. „Es geht um das innere Ich. Wer bin ich, wenn ich die äußere Identität verliere?" Kirsten Vogel zeigt auf den Ausschnitt des Aktes: „Paula Modersohn-Becker war ihrer Zeit voraus, stellte Fragen, folgte Nietzsches Gedanken ‚Mensch, werde, der du bist'."

Für eine Frau, die in der reglementierten Kaiserzeit gelebt hat, sind diese Gedanken tatsächlich revolutionär. Mit dem *Selbstbildnis am 6. Hochzeitstag von 1906* hat Paula Modersohn-Becker ganz sicher gegen alle damaligen Kunstkonventionen verstoßen – was sie heute umso aktueller macht. Paula Modersohn-Beckers früher Tod mit 31 Jahren, kurz nach der Geburt ihrer Tochter, hat ihre Ahnung, ihr Leben könne sehr kurz sein, bestätigt. „Es gibt übrigens ein wunderbares Gedicht von Rainer Maria Rilke, *Requiem für eine Freundin*", berichtet Kirsten Vogel weiter, „da wird deutlich, wie tief er dieses Selbstbildnis verstanden hat."

***„Es gibt übrigens ein wunderbares Gedicht von Rainer Maria Rilke, Requiem für eine Freundin, da wird deutlich, wie tief er dieses Selbstbildnis verstanden hat."***

So steht der Betrachter am Museumseingang vor dem Bildausschnitt und versucht, die dargestellte außergewöhnliche Frau zu be-greifen. Auch ohne das ganze Bild zu kennen, wird klar: Das ist ein beeindruckendes Kunstwerk! „In diesem Bild zeigt sich die Wahrhaftigkeit Paula Modersohn-Beckers", sagt Kirsten Vogel abschließend. Vermutlich wurde der Ausschnitt ausgewählt, um auf die Künstlerin neugierig zu machen. Das ist gelungen!

## *So geht's zum Akt:*

*Der Bildausschnitt hängt links und rechts in der Böttcherstraße 6 am Eingang des Paula Modersohn-Becker Museums.*

# Steinhäuser Vase

## Ochsen und Freimarkt

Majestätisch steht die Steinhäuser Vase mit den fast griechisch anmutenden antikisierenden Motiven auf einem Sockel neben der ebenfalls hoheitsvoll daherkommenden „Großen alten Dame“, einer Baum-Hasel, mitten in den Wallanlagen. Die Geschichte der Hasel aus dem Jahr 1802 ist bekannt: Sie gilt als der älteste Baum in den Wallanlagen und auch als einer der ältesten der Stadt, der nicht nur den Zweiten Weltkrieg, sondern auch schwere Stürme überstanden hat. Doch vor der Vase steht der Betrachter zunächst ein wenig ratlos.

Stadtführer Dr. Guido Klostermann ging es genauso, als er die Skulptur zum ersten Mal bemerkte. „Dieses mächtige Objekt erschien mir rätselhaft. Weder fand ich eine Hinweistafel, noch konnte ich eine Beschriftung auf dem Sockel oder anderswo entdecken.“ Bei genauer Betrachtung sind zwei mit Blumenkränzen geschmückte Ochsen zu sehen, denen eine Menschengruppe zugewandt ist. Einige Teilnehmer sind unbekleidet, andere tragen Tücher. Auf der Rückseite ist mit dem Bremer Wappen ein Hinweis auf die Hansestadt zu erkennen, was die Frage aufkommen lässt, was die alten Griechen mit Bremen zu tun haben.

***„Dieses mächtige Objekt erschien mir rätselhaft.“***

Diese Frage hat sich auch Guido Klostermann gestellt: „Ich war von den Elementen fasziniert und wollte die dazugehörige Geschichte erkunden.“ Das ist ihm gelungen – und schon hatte er den ersten Bremen-Bezug: Der Schöpfer der Vase, Bildhauer Carl Steinhäuser (1813-1879), ist in Bremen aufgewachsen, dann lebte er in Berlin und später in Rom. Dort gestaltete er die Vase 1855 als Auftragsarbeit, entworfen hatte er sie bereits 1833, zunächst allerdings ohne einen eindeutigen Bezug zu seiner Geburtsstadt. Das Denkmal mit dem Sandsteinsockel wurde 1856 genau an der Stelle aufgestellt, wo es heute noch

*Dr. Guido Klostermann hat sich mit der Geschichte der Steinhäuser Vase auseinandergesetzt.*

steht. „Doch Carl Steinhäuser hat noch weitere Spuren in Bremen hinterlassen“, erklärt Dr. Klostermann. „Das Olbers-Denkmal stammt ebenso von ihm wie eine Marmorstatue von Bürgermeister Johann Smidt im Rathaus. Und sogar eine Straße ist nach ihm benannt.“

Doch was haben die antik anmutenden Szenen auf der Vase denn nun mit Bremen zu tun – außer, dass der Mann, der sie schuf, aus Bremen stammte? „Die Antwort darauf ist interessant“, kündigt Dr. Klostermann an: „Als Steinhäuser in Bremen lebte, wurde während des bekannten Bremer Freimarktes noch die Tradition des Klosterochsenzugs gepflegt. Das hat den Künstler offensichtlich inspiriert.“

Der Klosterochsenzug ist ein alter Bremer Brauch, der bis ins 19. Jahrhundert bestand: Als das St. Johannis Kloster im Schnoor nach der Reformation in ein Armenhaus und Hospital (siehe Geheimnis 07) umgewandelt wurde, stellte sich schon bald die Frage nach dessen Finanzierung. Wie in anderen Städten auch gestattete der Rat, dass in der Einrichtung auch andere Personen aufgenommen werden dürfen, sofern diese dafür zahlen. Diese sogenannten Pfründner waren natürlich bessergestellt als die Armen und Kranken, erhielten mehr Wein, mehr Essen und komfortablere Unterkünfte. Als eine weitere Finanzierungsquelle gestattete der Rat im Jahre 1630 eine Sammlung, woraus eine Lotterie mit Ochsen hervorging. „Und daraus entstand der Klosterochsenzug“, erklärt Klostermann. „Dazu führte man zwei kräftige und mit Kränzen geschmückte Ochsen, denen zuvor die Hörner vergoldet worden waren, durch Bremen und anschließend wurden die Tiere verlost.“ Obwohl das Hospital 1691 in die Bremer Neustadt umzog

*Die Steinhäuser Vase steht in den Wallanlagen.*

und fortan nicht mehr im ehemaligen Kloster untergebracht war, wurde der Name *Klosterochsenzug* beibehalten. Der letzte Umzug fand 1871 statt.

„Dieser Tradition hat Carl Steinhäuser mit der Vase ein Denkmal gesetzt", schließt Guido Klostermann und bestätigt die Anfangsvermutung: „Mit dem alten Griechenland hat sie rein gar nichts zu tun." Am 30. August 1856 wurde das riesige Gefäß in den Wallanlagen eingeweiht. Der Standort unweit der Straße Herdentor ist dabei vermutlich kein Zufall, befand sich hier doch einst ein Stadttor, durch das Viehherden getrieben wurden.

***„Dieser Tradition hat Carl Steinhäuser mit der Vase ein Denkmal gesetzt."***

Zum Erwerb der Steinhäuser Vase gibt es noch eine kleine Geschichte: 1856 boten einige Kunstfreunde, angeführt von dem Bremer Kaufmann und Reeder Hermann Henrich Meier (1809-1898), der Stadt das Kunstwerk als Geschenk an. Nur leider hatten die Spender nicht die gesamte Kaufsumme beglichen, und so kam der Senat nicht umhin, Carl Steinhäuser den Restbetrag von 500 Talern zu bezahlen, man deklarierte dies aber als Ehrengeschenk.

„Anzumerken ist noch, dass die Vase aus Marmor besteht und deshalb empfindlich ist", stellt Dr. Klostermann fest. „In der kalten Jahreszeit muss sie mit Holzplatten verkleidet werden, damit der Frost sie nicht schädigt." Als Zeitzeugin fristet sie ihr Dasein neben der etwas betagteren „Alten Dame der Wallanlagen", und wer weiß, vielleicht erzählen die beiden sich in der Nacht Geschichten aus vergangenen Zeiten.

### *So geht's zur Steinhäuser Vase:*

*Die Steinvase steht in den Wallanlagen in der Nähe der Straße Herdentor auf einem Sandsteinsockel.*

39

# Hermes

## Ein Toter und der Schutzgott

Einst stand er stolz und großartig hoch oben auf dem Giebel, doch dann musste er umziehen. Sein neues Zuhause: der Eingangsbereich der Baumwollbörse. Der Grund für den Umzug hat, wie Heimatkundler Falk Meier sagt, eine interessante Geschichte. Er erzählt, dass die Baumwollbörse 1872 als „Komité für den Baumwollhandel" verschiedener am Baumwollhandel beteiligter Unternehmen mit dem Ziel gegründet wurde, diesen Handel zu verbessern. Das Auswandern in die USA boomte, und die Schiffe sollten nicht leer zurückfahren, sondern die Ladekapazitäten nutzen. Das hat den Baumwollhandel in Bremen groß gemacht.

Weil er einen immensen Aufschwung erlebte, war ein repräsentativer Neubau möglich, und als Architekt zeichnete Johann Georg Poppe (1837-1915) verantwortlich. Sein Baustil wird gern als „Bremer Barock" bezeichnet, denn Poppe hatte etwas für pompöse Bauten übrig und liebte extrem hohe Gebäude. „Mannigfaltiger Fassadenschmuck bis in den Himmel – und obendrauf der auf einem Bein stehende Hermes auf der Spitze eines Giebels zur Wachtstraße", schildert Falk Meier die Architektenträume. „Poppes Wunsch war, dass er von vielen Teilen der Stadt gesehen werden sollte."

***„Mannigfaltiger Fassadenschmuck bis in den Himmel – und obendrauf der auf einem Bein stehende Hermes auf der Spitze eines Giebels."***

Poppe träumte nicht nur, sondern er schuf auch Tatsachen. Die allerdings konnten mit seinen hochtrabenden Träumen nicht Schritt halten. Das Gebäude hielt nicht stand, das Mauerwerk wurde brüchig. Steine lösten sich aus den Giebeln und fielen zu Boden. Dabei kam es sogar zu einem schrecklichen Unglück. „Im Jahr 1912 wurde ein Kaufmann von herabfallenden Fassadenteilen tödlich verletzt", schreibt Frank Hethey im *Weser-Kurier*. „Daraufhin wurden die Giebel inklu-

*Falk Meier nimmt eine ähnliche Haltung ein wie Hermes. Auf einem Giebel stand der Bremer im Gegensatz zu der Götterstatue allerdings nie.*

sive der Ornamente sofort beseitigt", erklärt Falk Meier. Auch der Hermes musste weichen und fand ein neues Zuhause beim Präsidenten der Baumwollbörse in dessen privatem Park. Derweil wurde die Börse saniert und die Fassade vollständig ausgetauscht. „Die Baumeister verwendeten dazu jetzt Sandstein und legten den Bau erheblich moderner aus", fährt Falk Meier fort, „das war so ganz anders als Poppes Idee." Und er fügt hinzu: „Hätte Poppe das gewusst, hätte er sich im Grab umgedreht. Er hasste einfache Architekturen."

***„Hätte Poppe das gewusst, hätte er sich im Grab umgedreht. Er hasste einfache Architekturen."***

Darüber, dass Hermes, der übrigens in der griechischen Mythologie als Schutzgott des Verkehrs, der Reisenden, und der Kaufleute gilt, seit 2015 zurück in der Börse ist, hätte der Architekt sich aber vermutlich gefreut.

Wenn die Götterstatue auch nicht mehr hoch in den Bremer Himmel ragend auf dem Giebel steht, so hat der Gott der Kaufleute doch immerhin im Eingangsbereich eine Heimat gefunden, in der er die Mitglieder der Börse durch seine himmelstürmende Haltung zu höchsten Leistungen und hochfliegenden Träumen animieren kann.

### *So geht's zum Hermes:*

*Die Hermesstatue steht im Eingangsbereich der Baumwollbörse am Rudolf-Hilferding-Platz in der Bremer Altstadt.*

*Mirjam Phillips ist Mitglied der Deutsch-Israelischen Gesellschaft (DIG) und froh, an das Bad erinnern zu können, das sich einst hinter diesem Fenster befand.*

40

# Glasbausteine

## Geblieben ist eine Stele

„Bis vor ein paar Jahren wusste kaum jemand, was im unteren Teil dieses Hauses verborgen war", sagt Mirjam Phillips. Hinter diesen Glasbausteinen im Keller des unscheinbar wirkenden Hauses hat sich nachweislich im Kellergeschoss eine Mikwe befunden. „Wir stehen also vor einem Ort mit einer besonderen Geschichte", stellt sie fest.

Eine Mikwe ist im jüdischen Glauben ein Tauchbad zur rituellen Reinigung. „Die Gemeinde nutzt dazu kein Wasser aus dem Hahn, es muss sich um sogenanntes *lebendiges Wasser* handeln", erklärt Mirjam Phillips. Regenwasser kommt dafür infrage oder auch Quellwasser. Eine rituelle Waschung ist zum Beispiel nach einem Kontakt zu einem Toten nötig. Oder bei Frauen nach der Menstruation oder einer Geburt. Es drängt sich unweigerlich die Frage auf, wie das Tauchbad gefüllt werden konnte, wenn dazu lebendiges Wasser notwendig war.

Auch darauf hat Mirjam Philipps eine Antwort: „Das Becken wurde im Kellergeschoss in Verbindung zu einer fließenden Quelle eingerichtet“, erklärt die Expertin. „Diese Mikwe hier wurde von der Schomre Schabbos-Gemeinde genutzt, deren Mitglieder überwiegend in Sebaldsbrück gelebt haben“, erzählt Mirjam Phillips die Geschichte weiter. „Moses Schragenheim gründete eine Eigentümergemeinschaft, damit sie das Haus in der Vohnenstraße erwerben konnten.“ Neben den ursprünglich aus Osteuropa stammenden Mitgliedern der Schomre Schabbos durften auch jene der Israelitischen Gemeinde im Schnoor die Mikwe nutzen. 1928 gab es einen Besitzerwechsel. Nach einer grundlegenden Sanierung übergab die Eigentümergemeinschaft die Mikwe der befreundeten Israelitischen Gemeinde im Schnoor.

***„Diese Mikwe hier wurde von der Schomre Schabbos-Gemeinde genutzt, deren Mitglieder überwiegend in Sebaldsbrück gelebt haben.“***

„Dann kam der Nationalsozialismus“, sagt Mirjam Phillips ernst. Und mit ihm begann die systematische Ausgrenzung und Verfolgung jüdischer Mitmenschen. So wurde das Haus und mit ihm die Mikwe 1939 weit unter Wert verkauft. Fünf Jahre nach Kriegsende erhielt die Israelitische Gemeinde das Gebäude schließlich nach einem Vergleich zurück. „Danach wurde das Haus aber wieder veräußert“, weiß Mirjam Phillips, „und die heutigen Eigentümer haben mit dem damaligen Zwangsverkauf nichts zu tun.“

An die einstige Nutzung erinnern nur noch die Glasbausteine, hinter denen Menschen jüdischen Glaubens einst einem wichtigen Ritual nachgingen.

### *So geht’s zu den Glasbausteinen:*

*Die Glasbausteine finden sich an der Außenwand des Hauses in der Vohnenstraße 3 im Ortsteil Huckelriede.*

*Peter Strotmann deutet an, wo auf dem Fundament einst der Kran stand. Auch die Pflasterung lässt es noch erkennen.*

41

# Fundament

## Von der Wuppe zum Kran

Haben Sie manchmal auch ganz schön was zu wuppen? Da befinden Sie sich in bester Gesellschaft – nämlich in der von Peter Strotmann. Der hatte was zu wuppen, als er herauszufinden versuchte, was es mit dem imposanten Fundament an der Schlachte auf sich hat. Peter Strotmann hat's herausgefunden – respektive gewuppt. Und das gleich im doppelten Sinne.

Doch der Reihe nach: Der Bremer hat die alten Fundamente mit seinen Klassenkameraden schon als Kind entdeckt. „Wir dachten sofort, dass da wohl eine Kanone draufgestanden hatte, um feindliche Schiffe abzuschießen. Die Befestigungsbolzen ragten seinerzeit noch aus dem Boden", erzählt er, „doch da lagen wir vollkommen falsch." Die Fundamente haben eine lange Geschichte, und als Peter Strotmann herausfinden wollte, was hier einmal stand, kam er zwar nicht auf den Hund, aber doch immerhin auf die Wuppe: Nach langer Suche fand er in dem Buch *Theatrum Machinarium oder: Schauplatz der Hebezeuge* von Jakob Leupold aus dem Jahre 1725 eine Wuppe. Und nicht nur irgendeine, sondern, wie der Autor schreibt: „Die erste habe ich zu Bremen gefunden an der Weser." Peter Strotmann recherchierte weiter und entdeckte, dass die Wuppe genau an dem Ort stand, an der sich heute das Fundament befindet.

Jetzt stellte sich schon die nächste Frage: Was ist das eigentlich eine Wuppe? Ganz einfach, bei einer Wuppe handelt es sich um ein Hebewerkzeug. „Wuppen gab es noch weitere im damaligen Hafengebiet an der Schlachte", stellt Peter Strotmann klar. Ein Stück stromaufwärts standen seiner Erzählung nach die Grüne Wuppe, die Bunte Wuppe und die Rote Wuppe. „Die Gelbe Wuppe war ausschließlich für die Oberländer Schiffe reserviert", ergänzt er.

***„Die Gelbe Wuppe vor der wir hier stehen, war ausschließlich für die Oberländer Schiffe reserviert."***

Peter Strotmann erzählt, dass es sich bei dieser Gelben Wuppe, die seit dem 16. Jahrhundert in Betrieb war, um einen zwölf Meter langen Hebebaum zum Be- und Entladen von Schiffen handelte. Vier Männer konnten damit bis zu acht Zentner schwere Lasten heben. Er berichtet, dass die Wuppen an einen Wuppenmeister, kurz „Wupper" genannt, verpachtet wurden. Dazu gab es eine Wupperverordnung. Danach durfte der Wupper keine Ware ohne die notwendigen Papiere aufsetzen, musste darauf achten, dass der Einfuhrzoll abgeführt wurde, und den Wupperlohn eintreiben.

Im 19. Jahrhundert wurde die Gelbe Wuppe durch einen Kran ersetzt, und nun kommt auch das Fundament ins Spiel: Damit der Kran möglichst nahe an der Uferwand zum Wasser zu stehen kam, wurde für die untere Kranlagerung und den oberen Drehkranz in der bislang geschlossenen Ufermauer eine Einbuchtung geschaffen. Da das die Ufermauer schwächte und zudem die Kräfte aus dem Kranbetrieb aufgenommen werden mussten, waren ausreichende Fundamente nötig. Bei genauem Hinsehen sind auch noch die Bolzenbefestigungsreste zu erkennen. Dass der Kran die Gelbe Wuppe abgelöst hat, wird aus der weiteren Hafengeschichte verständlich: Die Schlachte war lange der Haupthafen Bremens. Es kamen jedoch neue Anforderungen auf die

Seeschifffahrt und den Warenverkehr zu. Durch die zunehmende Versandung der Weser kaufte die Stadt Bremen 1827 das Gelände an der Wesermündung zur Gründung Bremerhavens auf und es entstand der Weserbahnhof mit Anschluss ans Eisenbahnnetz.

An der Schlachte mussten sich die Arbeiter hingegen immer noch abmühen mit Wuppen und Winden über die Treppenaufgänge in der Ufermauer und über Bohlenstege, um die Schiffe zu be- und entladen. Denn dort lagen meist antriebslose Weserkähne, die getreidelt oder von Schleppschiffen gezogen wurden. Aber deren Zahl nahm im Laufe der Jahre ebenfalls erheblich zu, weshalb Bremen Anfang der 1840er-Jahre auch hier auf Kräne setzte. Und der erst rund zwei Jahrzehnte zuvor für die Gelbe Wuppe errichtete Kran musste weichen: Nun gab es keinen Großen Kran und keine Wuppe mehr, sondern sechs eiserne, handbetriebene Kräne. Im *Bremer Adressbuch* von 1844 sind an der Schlachte nur noch Kräne, aber keine Wuppen mehr verzeichnet.

*Die Einbuchtung an der Ufermauer wurde 1995 durch den Aufgang verdeckt.*

Inzwischen sind auch diese sechs Kräne verschwunden. Vom Großen Kran ist aber etwas geblieben: sein Fundament. „Keine Kanonen", sagt Strotmann bedauernd, „obwohl wir das als Jungen damals wirklich dachten."
Die Lösung des Rätsels ist also gewuppt!

## So geht's zum Fundament:

*Das Kranfundament befindet sich auf der Kaimauer in Höhe der Zweiten Schlachtpforte.*

Ihr wandelt über
Gräbern
Im Sonnenlicht,
Ehrt diese Stätte,
Schändet sie nicht

42

# Grabmal-Inschrift

## Eine Bitte an die Nachwelt

*Ihr wandelt über / Gräbern / Im Sonnenlicht. / Ehrt diese Stätte, / schändet sie nicht. / 1821-1907*

Diese Inschrift ist an der Vegesacker Stadtkirche auf einem Grabmal aus Sandstein zu finden. Historiker Thomas Begerow, der sich in mehreren Publikationen mit der Geschichte Vegesacks auseinandergesetzt hat, weiß, was dahintersteckt. Doch zuvor ein paar Worte zur ehemaligen Friedhofsanlage und zum Gotteshaus: „Am 31. Oktober 1817 wurde die unierte evangelische Kirchengemeinde gegründet und sie besteht bis heute", beginnt er zu erzählen. Thomas Begerow zeigt auf die Inschrift über dem Eingang der vor 200 Jahren eingeweihten Kirche. *Ein Gott - Ein Christus - Eine Gemeinde* steht dort geschrieben.

Vor ihrer Gründung mussten die Vegesacker, die dem reformierten Glauben angehörten, zum Gottesdienst den weiten Weg nach Blumenthal gehen, die Lutheraner hatten ihre Kirche in Lesum. Nach der so genannten „Franzosenzeit"(1806-1814), in der Norddeutschland zeitweilig besetzt war, wurde der große Wunsch laut nach einer eigenen Kirchengemeinde, die beide evangelischen Glaubensrichtungen vereinte. Diese Idee trieben Dr. med. Albrecht Wilhelm Roth (1757-1834) und der damalige bremische Amtmann August Christian Wilmanns (1756-1839) voran. Beide haben ihre Gräber noch heute auf dem alten Friedhof.

Zurück zu der ermahnenden Inschrift. „Mit diesem Grabstein hat es tatsächlich eine besondere Bewandtnis", erklärt der Experte. Bei genauer Betrachtung des Grabmals aus Sandstein ist im unteren Teil ein aus der Antike entlehntes Symbol – ein Stein und gekreuzte Anker – zu erkennen. „Beides ist ein Sinnbild der Hoffnung auf ein ewiges Leben." Darüber befindet sich die Inschrift, die den Lesenden ermahnt, diesen Ort zu ehren und nicht zu schänden. Oberhalb ist ein symbolisierter Sternenkreis dargestellt und seitlich jeweils eine Schlange, die

*Der Grabstein mit der Inschrift gibt Rätsel auf.*

sich in den Schwanz beißt, und ein Pfeil, der mittig einen Ring durchquert. „Die Schlange steht für Ewigkeit und der Pfeil für den Weg des Lebens", erläutert Thomas Begerow. „Die Anker deuten darauf hin, dass es sich vermutlich um den Stein eines Schiffskapitäns handelt, bei dem man die Grabinschrift, also Name und Lebensdaten, entfernt hat." Die Jahreszahlen verweisen auf die Einweihung 1821 und die Umgestaltung zum Park 1907.

*Thomas Begerow hat sich mit den Grabsteinen auf dem alten Vegesacker Friedhof befasst.*

1874 schloss die Kirchengemeinde den Gottesacker neben der Kirche, weil er voll belegt war. Gleichzeitig wurde ein neuer Friedhof an der Lindenstraße in Fähr-Lobbendorf eröffnet, der noch heute genutzt wird. Die meisten Gräber wurden nach 30 Jahren Ruhezeit abgeräumt und unter Einbeziehung einiger historisch wertvoller Grabmäler die Parkanlage gestaltet.

„Mit diesem Stein wird also an die ursprüngliche Nutzung erinnert", bilanziert der Experte. „Es handelt sich um eine Bitte an die Nachwelt, die Totenruhe zu achten und die ganze Parkanlage pfleglich zu behandeln", schließt Thomas Begerow. Damit wäre der Kapitän, dem der Grabstein einst gehörte, bestimmt einverstanden gewesen!

## *So geht's zur Grabmal-Inschrift:*

*Der Grabstein mit der Inschrift befindet sich am Rand der Parkanlage an der Seite zum Aumunder Heerweg, links von der Kirche, rechts neben dem großen Kriegerdenkmal. Die Vegesacker Kirche liegt in der Kirchheide 10.*

*Die geheimnisvolle Ruine.*

43

# Ruine

## Steine mit alter Geschichte

Viele Ruinen geben ihr Geheimnis nicht preis: Oft ist nicht herauszufinden, ob das ehemalige Gebäude einst in anmutsvoller Schönheit erstrahlte oder ob es ein eher unscheinbares Dasein fristete. In Bremen gibt es solche alten Bauwerke zuhauf, und auch im Focke-Garten, einer romantisch wirkenden Gartenanlage am Weserufer, ist eine derartige Ruine zu entdecken. Sie mutet ein bisschen verwunschen an und macht neugierig, denn um zu ihr zu gelangen, ist es notwendig, durch ein schmiedeeisernes Tor und dann eine Treppe abwärts zu gehen.

Zu sehen sind von der Ruine der Teil eines Backsteinbaus und eine graue Holztür, die größtenteils von Efeu umwuchert ist. Umgeben ist sie von einer Mauer mit dem oben erwähnten Tor. Und im Gegensatz zu vielen anderen Ruinen gibt diese hier ihre Geschichte durchaus preis.

Stadtführer Sönke Schöttler hat sie recherchiert: Sie beginnt im Jahr 1696, als Ratsbaumeister Hermann Brüggemann hier ein Armenhaus errichtete. „Später wurde das Gebäude als Städtisches Altenheim genutzt, bis 1912 das Focke-Museum einzog, nach dem der Garten benannt ist“, wie der Stadtführer erläutert. Bei einem Bombenangriff im Zweiten Weltkrieg fiel das Museum in Schutt und Asche, nur die Mauern, die heute noch zu sehen sind, blieben erhalten. Das Focke-Museum wurde schließlich zu Beginn der 1950er-Jahre am heutigen Standort wiedereröffnet. Innerhalb der Ruinen hingegen entstand eine Grünfläche, die als Senkgarten angelegt ist. Der Garten mit der eigentümlichen Gestaltung steht unter Denkmalschutz, weist verschiedene Höhen auf und liegt ein bisschen versteckt in den Wallanlagen. „Er hat nach dem Krieg jahrelang ein Schmuddeldasein geführt, aber er wurde Anfang der 1990er-Jahre erheblich verbessert“, sagt Sönke Schöttler. Schön, dass dabei das alte Gemäuer nicht abgerissen wurde, denn es verleiht dem Garten einen besonderen Flair!

***„Ab 1912 befand sich hier das Focke-Museum, danach ist der Garten auch benannt.“***

### *So geht’s zur Ruine:*

*Die Ruine liegt im alten Focke-Garten zwischen der Eisenbahnbrücke und der Stephanibrücke am Weserufer nördlich der Schlachte in den Wallanlagen.*

*Heute wird der Erker von einem Reichsadler geziert. Das war nicht immer so.*

44

# Reichsadler

## Ein „Bremer Jung“ sorgt für Aufregung

„Der hing da zuvor nicht“, sagt Hartmuth Bendig und weist zum Erker über einem Eingang am Gerichtsgebäude. Zu sehen ist dort der Reichsadler, und er wirkt beileibe nicht so, als wäre er fehl am Platz. Ist er auch nicht. Aber der Tatsache, dass er hängt wo er hängt, ging große Aufregung voran.

„Der Reichs- oder Preußische Adler ist erst nach heftigen Bürgerprotesten dort angebracht worden. Die Proteste fanden 1894 ihren Höhepunkt“, sagt der Bremer, der sich lange Jahre mit der Fassade des Gebäudes beschäftigt hat. Und als der Adler dann seinen Platz bezog, waren alle glücklich: „Er wurde nämlich gegen das ursprüngliche Relief ausgetauscht, das ein unbekannter Künstler dort während der Bauzeit angebracht hatte“, berichtet Bendig. Und eben dieses Relief war der Grund der Bremer Aufregung gewesen. Bei dem Adler-Vorgänger, der die Gemüter derartig erhitzte, handelte es sich um einen

„Bremer Jung", der aus dem Gitter bricht und ruft: „Es lebe die Freiheit!" „Die Kritiker dieser Darstellung wehrten sich gegen deren symbolische Deutung, durch die liberale Strömungen des Rechts unterstützt wurden, die die sittliche und moralische Freiheit des einzelnen Menschen anstrebten", erläutert Hartmuth Bendig den Widerstand der Bremer.

Die Presse ergriff in Sachen Symbolik am Gerichtshaus klar Partei. Im *Bremer Courier* vom 9. Juni 1894 heißt es: „Wir erblicken in der Scene nicht blos eine arge Verhöhnung des Gerichtshauses und seines erhabenen Zweckes. Mit dem entspringen(d)en Sträfling kann man nur dann sympathisiren, wenn er ungerecht verurtheilt war. Die ungerechte Verurteilung wird man aber doch nicht zum Symbol eines Gerichtshauses machen."

Die aufständigen Bremer Bürger sprachen sich demnach eindeutig für klare Verhältnisse im Bereich der Rechts, der Rechtsprechung und der Strafverfolgung aus. Bürgerlich konservativ. Das entsprach der Stimmung im 1871 gegründeten Wilhelminischen Deutschen Reich, dessen Symbol – folgerichtig – den Erker über dem Eingang zum Amtsgericht ziert. So großem Widerstand musste der Bremer Jung schließlich weichen. Volkes Stimme hatte gesprochen!

Hartmuth Bendig erzählt, das Relief sei daraufhin kurzerhand wieder entfernt und durch den heute noch vorhandenen Reichsadler ersetzt worden. Und das bis heute.

### *So geht's zum Reichsadler:*

*Das Wappentier ist am Eingang des Alten Gerichtsgebäudes in der Ostertorstraße gegenüber der Dechanatstraße am Seiteneingang des Amtsgerichts zu finden.*

*Die Steintafel lässt nicht vermuten, dass hier früher eine Sternwarte stand.*

45

# Steintafel

## Wo einst Himmelskörper entdeckt wurden

Das eigentlich Spannende verrät die schlichte Steintafel an der Hauswand nicht: *H.W.M. Olbers geb. 11 Octbr. 1758 / gest. 2 März 1840.* steht hier geschrieben. Nun weiß in Bremen vermutlich jedes Kind, wer Olbers war oder kennt zumindest seinen Nachnamen. Schließlich gibt es eine Olbers-Straße und ein Olbers-Schulzentrum und auch das Planetarium ist nach dem berühmten Sohn der Stadt benannt. Dass dieses an der Stelle, an der die Tafel hängt, aber seinen Ursprung hatte, ist weitgehend in Vergessenheit geraten. Stadtführer Arthur Zapf hat sich über die Tafel gewundert. Er wollte herausfinden, was dieser Ort mit Heinrich Wilhelm

Matthias Olbers zu tun hat, und das ist ihm gelungen: Im Vorgängerbau dieses Hauses wohnte Olbers und praktizierte hier als Arzt.

Doch nun kommt das Planetarium ins Spiel. „Wenn Olbers Feierabend hatte, galt seine Leidenschaft der Astronomie", sagt Arthur Zapf und fügt hinzu: „Angeblich brauchte er nur wenig Schlaf." Arthur Zapf erzählt, dass Olbers sein Teleskop auf dem Dachboden oder in den oberen Räumen seines Hauses platziert hatte, und zückt ein altes Foto, das von der Violenstraße aus aufgenommen wurde. Es zeigt einen Vorgängerbau des heutigen Gebäudes. „Es hatte Giebel und Erker, und so konnte er von dort die Himmelskörper anschauen."

*Artur Zapf zeigt auf die Tafel, die ihr Geheimnis nicht preisgibt.*

Das stellte Olbers aber auf Dauer nicht zufrieden, er suchte und fand eine andere Lösung. Und diese Lösung zog einige Bautätigkeit nach sich. Der Astronom ließ das ursprüngliche Haus im Jahr 1799 abreißen und durch ein neues, auf die Bedürfnisse der weiteren Forschung ausgerichtetes Gebäude ersetzen. Die Investition sollte sich lohnen: „Er entdeckte von diesem Standort aus die Himmelskörper Pallas und Vesta", berichtet Arthur Zapf weiter. Im Grunde schuf der Astronom an dieser Stelle Bremens erste Sternwarte – und darüber hinaus eine der größten Privatbibliotheken aus mühevoll zusammengestellten, ausführlichen Sternenverzeichnissen und astronomischen Werken. Leider sei diese Bibliothek nach Olbers Tod 1840 an die Sternwarte Pulkowa bei Leningrad verkauft worden.

Olbers wurde 81 Jahre alt und ist auf dem Riensberger Friedhof bestattet. „Wer sein Fernrohr betrachten möchte, kann das im Focke-Museum tun“, schließt Arthur Zapf seine Ausführungen.

Ansonsten ist in Bremen hinsichtlich Olbers' astronomischer Tätigkeit nicht mehr viel zu finden: „Nach seinem Tod wurde seine Sternwarte mit allen Gerätschaften und Aufzeichnungen an den bekannten Astronomen Johann Hieronymus Schröter nach Lilienthal übergeben und danach nach St. Petersburg verkauft, wo Jahre später alles zerstört wurde“, schildert Zapf das traurige Ende.

***„Nach seinem Tod wurde seine Sternwarte mit allen Gerätschaften und Aufzeichnungen an den bekannten Astronomen Johann Lilienthal übergeben.“***

Das Haus, in dem sich Bremens erste Sternwarte befand, wurde nach dem Krieg abgerissen und durch einen schlichten Wohnhaus-Neubau ersetzt. Nun erinnert nur noch die Steintafel an diesen einst spektakulären Ort. Sterne und Kometen werden heute anders entdeckt!

## *So geht's zur Steintafel:*

*Die Steintafel, die an die erste Sternwarte erinnert, befindet sich in der Sandstraße 16 an der Ecke Violenstraße in der Bremer Innenstadt.*

46

# Hanseatenkreuz

## Eine ernste Geschichte

Täglich besuchen unzählige Menschen den Bremer Marktplatz. Und täglich laufen sie über ein Stück Bremer Geschichte von großer Bedeutung hinweg. Die Rede ist vom Hanseatenkreuz zu Füßen des Rolands. „Es gibt vor Ort keinen Hinweis auf seine Entstehung oder was es aussagen soll", stellt Dr. Guido Klostermann fest.

Der Stadtführer hat sich mit der Geschichte des Hanseatenkreuzes befasst und erklärt: „Zunächst einmal sehen wir hier ein Tatzenkreuz. Das heißt so, weil sich die Arme des Kreuzes zum Ende hin wie Tatzen verbreitern."

Tatzenkreuz klingt erst einmal niedlich, aber beim Hanseatenkreuz auf dem Marktplatz geht es tatsächlich um ein sehr ernstes Thema. Das große gepflasterte Kreuz mit den rötlichen Steinen weist einen Durchmesser von fast 4,70 Metern auf. Es hat vier gleichlange Arme, deren Außenlinien gebogen sind. Mit der Bezeichnung „Tatzenkreuz" ist allerdings nur die Gestaltung des Kreuzes gemeint. Abhängig davon, wer das Kreuz verwendet, sind auch Bezeichnungen wie „Hanseatenkreuz" oder „Templerkreuz" gebräuchlich. Spannend ist, dass die Form an das Kreuz des Deutschen Ritterordens angelehnt ist. In dem Buch *Bremisches: Wo einer leicht überhin kuckt* heißt es, derartige Kreuze sollten daran erinnern „dass viele Kreuzritter auf Bremer Schiffen ins Heilige Land gebracht wurden". Herbert Schwarzwälder schreibt in seinem *Bremen Lexikon, Band 1*: „Im Mittelalter war ein Kreuz oft das Zeichen der hansischen Schiffe", womit auf das Hanseatenkreuz verwiesen wird. Bei den Tempelrittern wird diese Art Kreuz auch als Templerkreuz bezeichnet.

***„Zunächst einmal sehen wir hier ein Tatzenkreuz. Das heißt so, weil sich die Arme des Kreuzes zum Ende hin wie Tatzen verbreitern."***

*Dr. Guido Klostermann am Hanseatenkreuz.*

Warum aber wurde dieses Kreuz als Pflasterung auf den Bremer Marktplatz gesetzt? „Dafür sind die Ereignisse im Jahr 1813 entscheidend", erklärt Guido Klostermann. „Damals wurde Bremen von der napoleonischen Herrschaft befreit und Freiwillige aus den Hansestädten formierten sich, um gegen Napoleon in den Freiheitskriegen bis 1815 zu Felde zu ziehen."

Bremen war seit 1806 von napoleonischen Truppen besetzt gewesen und stand seit 1810 unter französischer Verwaltung. Der Wendepunkt kam im Oktober 1813, als Napoleon in der Völkerschlacht bei Leipzig unterlag, woraufhin sich die französischen Truppen zurückzogen. Noch im selben Monat zogen die Franzosen auch aus Bremen ab und russische Kosaken unter dem Kommando von Generalmajor Friedrich Karl von Tettenborn (1778-1845) rückten ein.

Tettenborn setzte am 4. November 1813 eine vorläufige Regierungskommission ein, und am 6. November galt die alte Verfassung wieder. Die *Senatspressestelle Bremen* berichtet: „Den 5. November feierten die Bremer von 1813 bis 1863 als Jahrestag der Befreiung Bremens von der französischen Herrschaft, auch *Tag der wiedererstandenen Freiheit* genannt." Was all das mit den Hanseatenkreuz zu tun hat, darüber schreibt Herbert Schwarzwälder, Tettenborn habe bei der Befreiung Bremens 1813 dazu aufgerufen, „in die Hanseatische Legion einzutreten, die aus Freiwilligen der Hansestädte Hamburg, Bremen und Lübeck zum Kampf gegen die Franzosen gebildet wurde". Das „Bremer Kontingent" umfasste zunächst 300 Mann zu Fuß und 150 Mann zu Pferd. 1814 wurde es auf 800 Mann zu Fuß und 200 Mann zu Pferd aufgestockt. „Auf den Fahnen und Standarten der Hanseatischen Legion war das Hanseatenkreuz abgebildet", sagt Dr. Klostermann und erläutert: „Das Kreuz auf dem Marktplatz soll

*Das Hanseatenkreuz.*

daran erinnern, dass die Hanseatische Legion gegen die Franzosen in die Befreiungskriege von 1813 bis 1815 zog. Die Pflasterung wurde aber erst Jahrzehnte später aufgebracht." Wahrscheinlich gibt es sie seit 1863, als die 50-Jahr-Feier der Völkerschlacht bei Leipzig abgehalten wurde, so berichtet es Herbert Schwarzwälder in seinem *Bremen Lexikon*.

***„Auf den Fahnen und Standarten der Hanseatischen Legion war das Hanseatenkreuz abgebildet."***

Bemerkenswert ist die Lage des Hanseatenkreuzes auf dem Marktplatz unmittelbar neben dem Roland. Diese Freiheitsstatue wäre den Bremern während der Franzosenzeit nämlich fast genommen worden. „Am häufigsten ist zu hören, dass Napoleon den Roland mit nach Paris nehmen wollte, um ihn im Louvre auszustellen. Erst die Behauptung der Bremer, die Statue sei nur von geringem künstlerischem Wert, habe Napoleon davon abbringen können. Doch es gibt auch andere Versionen, weshalb der Roland in der Franzosenzeit aus Bremen verschwinden sollte", sagt Guido Klostermann und fährt fort: „Jedenfalls waren die Bremer so froh, dass Roland ihnen erhalten blieb, dass sie den 5. November als Jahrestag der Befreiung von französischer Herrschaft zugleich zu Rolands Geburtstag machten."

Während der Roland beliebtes und häufiges Fotomotiv ist, wird das Hanseatenkreuz in der Pflasterung kaum wahrgenommen, dabei steht auch dieses Symbol für die Freiheit. Eigentlich schade, dass täglich so viele Menschen darüber hinweglaufen und nicht wissen, was es mit diesem Kreuz auf sich hat.

### *So geht's zum Hanseatenkreuz:*

*Das Hanseatenkreuz ist in der Pflasterung direkt vor dem Rathaus auf dem Marktplatz am Roland zu finden.*

# Fleetkirche

## Alles aus Holz

Man muss schon sehr genau hinsehen, um diese kleine Kirche zu finden. Sie liegt etwas versteckt zwischen Waller Damm und Hohweg in der Waller Feldmark, doch ist sie entdeckt, fällt dem Betrachter sofort eines ins Auge: Das Gebäude ist ganz aus Holz gebaut und im Turm fehlt die Glocke. Der Schriftsteller René Paul Niemann, der viele Jahre in unterschiedlichen Museen gearbeitet hat, berichtet, dass diese Kirche gar keine Kirche mehr ist, sondern profanisiert wurde. Er muss es wissen, schließlich ist er der Besitzer dieses einstigen Gotteshauses. Und sein Retter, denn mit dem Kauf bewahrte er es vor dem Abriss.

„Diese Kirche wurde erst nach dem Krieg 1958 erbaut“, beginnt er zu erzählen. „Damals gab es große Wohnungsnot, 61 Prozent der Häuser waren zerstört. Bürgermeister Wilhelm Kaisen verfügte, dass zur Linderung der akuten Wohnungsnot in den bremischen Kleingartengebieten Häuser zum Wohnen gebaut werden durften, um die Situation ein wenig zu entspannen.“ René Paul Niemann ergänzt: „Diese sogenannten Kaisenhäuser waren jedoch winzig klein und hatten alle dasselbe Maß von 30 Quadratmetern. Mehr war nicht erlaubt.“

Das änderte sich nach und nach, alles wurde vergrößert, aufgestockt und erweitert. Heute werden die Häuser überwiegend als Gartenlauben genutzt.

So wirklich gern wurde die Bautätigkeit in der Waller Feldmark aber nicht gesehen: „Das Bauamt der Stadt Bremen hatte große Befürchtungen, dass hier ein neues Zentrum für eine dauerhafte Wohnbebauung im Kleingartengebiet entstehen würde“, fährt der Schriftsteller fort. Andererseits aber brauchten die mehreren Tausend Bewohner der Waller Feldmark dringend eine eigene Kirche. „Es gab viel Hin und Her, schließlich erlaubte das Bauamt, dass das Gotteshaus gebaut werden durfte. Es sollte aber nur eine ‚Notkirche‘ sein, was bedeutete, dass sie theoretisch in kurzer Zeit auch wieder abzubauen

*Die Fleetkirche in der Waller Feldmark besteht ganz aus Holz.*

sein musste." Darum sei mit vorgefertigten Teilen aus preiswertem Nadelholz und mit einem Holzständerwerk als Fundament gebaut worden. „So entstand die heutige Fleetkirche."

Die Bremer Historikerin Kirsten Tiedemann beschreibt in ihrem Artikel auf der Seite *Gärtnern in Bremen* die Sachlage so: „Ihre legale Errichtung im Jahr 1958 gehört untrennbar zur Geschichte der Kaisenhäuser und des Wohnens auf der Parzelle." Gebaut wurde die Fleetkirche nach den Plänen des bekannten Bremer Architekten Hermann Gildemeister (1891-1984). Und auch wenn dieses Gebäude nicht für die Ewigkeit erschaffen wurde, so entwickelte es sich doch zu einem Mittelpunkt des Waller Lebens. „Es gab damals auf dem Grundstück auch noch ein Haus für das Gemeindeleben", weiß René Paul Niemann weiter zu berichten. „Darin fanden Handarbeitstreffen der Frauen statt, und die Jugend konnte sich hier verabreden und Tischtennis spielen."

*René Paul Niemann schlägt die Glocke nur noch zum eigenen Vergnügen.*

Zum letzten Gottesdienst läutete die damals noch auf dem Turm befindliche Glocke im Jahr 1999. Gebäude und Grundstück blieben im Besitz der Bremischen Evangelischen Kirche. Sie verpachtete das Gotteshaus an eine serbisch-orthodoxe Gemeinde, die sie an allen Sonn- und Feiertagen nutzte. Im Laufe der Jahre drohte sie jedoch zu verfallen.

„Leider ist der Boden moorig und die Kirche fing immer mehr an, sich abzusenken", schildert René Paul Niemann die weiteren Probleme. „Da drohte 2016 der Abriss. Ich habe zugeschlagen und sie gekauft", ergänzt er. „Nun muss ich sehen, wie ich sie erhalten kann, die Mittel sind natürlich begrenzt." Er weist zum Glockenturm, denn der sei das beste Beispiel für den Verfall. „Die Glocke, die in diesem Turm untergebracht war, wiegt rund 40 Kilogramm und hat früher die Kirchgänger zum Gottesdienst gerufen. Doch der Zahn der Zeit nagte an der Holzkonstruktion, und am Ende wackelte der ganze Turm, wenn die Glocke läutete", fährt er fort. Deshalb habe er die Glocke vor einiger Zeit mithilfe seines Bruders und einer Hebebühne abgenommen. Die Glocke, erzählt Niemann über deren Entstehung, sei in der berühmten Glockengießerei Otto in Hemelingen gegossen worden, die neben vielen anderen zum Beispiel auch Glocken für den Bremer Dom und den Dom zu Trier gefertigt hat.

***„Ich habe zugeschlagen und sie gekauft. Nun muss ich sehen, wie ich sie erhalten kann, die Mittel sind natürlich begrenzt."***

Und wenn die Glocke heute auch nicht mehr auf dem Turm hängt, so wird sie doch in Ehren gehalten: Inzwischen befindet sie sich im Innern der Kirche und Niemann betätigt dann und wann den Seilzug, um sich an ihrem Klang zu erfreuen. Er hat jedoch einen Traum: „Ich hoffe, dass die Glocke eines fernen Tages auch wieder im Glockenturm läuten kann."

Ein letzter Blick zu diesem hölzernen Schmuckstück in der Gartenhaussiedlung. Eine Kirche ohne Glocke und nicht für die Ewigkeit gebaut. Und doch hat sie etwas Bleibendes und erzählt ein Stück Bremer Geschichte. Es ist zu hoffen, dass sie auch die nächsten Stürme des Lebens überstehen kann.

### *So geht's zur Fleetkirche:*

*Die Fleetkirche liegt in der Waller Feldmark etwas versteckt zwischen Waller Damm und Hohweg und ist vom Storchenweg aus gut zu sehen. Besichtigungen des Gebäudes von innen sind nicht möglich.*

48

# Kirkeby-Turm

## Das Geheimnis liegt in der Tiefe

Er fällt auf und er ist nicht bei allen Bremern beliebt: der Turm aus Backstein, der an der Domsheide steht und an einigen Stellen mit Graffiti besprüht oder mit Bannern behängt ist. Trotz oder vielleicht gerade wegen seiner Dominanz wirkt er ein bisschen fremd inmitten des Stadtlärms und in dieser pulsierenden Umgebung. Aber das ist wohl auch Absicht. Und so lohnt es sich, der Geschichte dieses Objekts einmal nachzugehen, denn eine besondere Funktion scheint der Turm nicht zu haben, obwohl er doch an prominenter Stelle steht.

Mehr über den Kirkeby-Turm wissen der Gästeführer Heinrich Lintze und der bekannte Bremer Kunstvermittler Detlef Stein zu erzählen. Sie haben sich auf der Domsheide am Turm eingefunden und stellen gleich klar, dass man etwas ausholen muss, um dem Geheimnis auf die Spur zu kommen. Denn so schnell und einfach lässt sich nicht erklären, was genau es mit dem Turm und dessen Erschaffer auf sich hat. „In Bremen finden sich fast 40 Arbeiten im öffentlichen Raum von weltbekannten – schon einmal auf einer *documenta* in Kassel vertretenen – Künstlerinnen und Künstlern", beginnt Detlef Stein nicht ohne Stolz und klopft gegen den roten Backstein. „Und dieses Bauwerk ist ein Kunstwerk des berühmten Künstlers Per Kirkeby."
Übrigens, wie der Name erahnen lässt, ein Däne. Per Kirkeby wurde 1938 in Kopenhagen geboren und starb dort am 9. Mai 2018. Er war ein vielseitiger Künstler und als Maler, Bildhauer, Dichter und Architekt tätig. Er studierte Geologie, verschrieb sich anschließend der Kunst, arbeitete unter anderem mit Berühmtheiten wie dem deutschen Aktionskünstler, Bildhauer und Zeichner Joseph Beuys (1921-1986) zusammen und war auch kurz in der Filmbranche tätig. 1973 entstand seine erste Backsteinskulptur im öffentlichen Raum. Dabei handelte es sich um das Werk *Huset*. Es folgten Ölgemälde, weitere Skulpturen in Bronze und wieder Backsteinskulpturen. „Die Backsteinkunst hat

*Der Kirkeby-Turm an der Domsheide.*

es Per Kirkeby angetan", erläutert Detlef Stein. „Er verwendete nur Industriebackstein für seine Werke. Dänemark ist arm an Granit- und Marmorvorkommen, das sollte sich in seinen Arbeiten widerspiegeln." Seine Kunstwerke erweckten auf jeden Fall Interesse, denn sie wirken schlicht und ziehen zugleich in den Bann. „Per Kirkeby nahm 1982 und 1992 an der *documenta* in Kassel teil", sagt Heinrich Lintze und ergänzt: „Er stellte eigentlich ausnahmslos in Weltstädten aus, aber eben auch in Kassel." So wurde man in Bremen auf ihn aufmerksam.

Ende der 80er-Jahre meldete die Bremer Straßenbahn AG die Forderung an, auf der Domsheide, dem Verkehrsumschlagsplatz von Bussen und Bahnen, eine Verkehrsleitzentrale zu errichten. „Und das sollte etwas Besonderes ein", erklärt Detlef Stein. Auf Einladung von Eberhard Kulenkampff, 1974-1987 Senatsbaudirektor, wurde Kirkeby angefragt, ob er diesen funktionalen Bau als Skulptur gestalten wolle. Wider Erwarten willigte der Däne ein und schickte gleich darauf eine Zeichnung, wie er sich ein solches Unterfangen vorstellen könnte. Man wurde handelseinig, Kirkeby bekam den Zuschlag. Und er hat sich ziemliche Gedanken gemacht: „Dieser Ort hat Geschichte, und das hat der Künstler bei seiner Planung durchaus mit einbezogen", sagt Lintze.

*Heinrich Lintze (re.) und Detlef Stein haben den Kirkeby-Turm in Herz geschlossen.*

Hier, inmitten von Bussen und Bahnen, ist ein Stück Bremer Historie vergraben, die sich in dem Kunstwerk widerspiegelt. Früher, verrät Lintze, floss hier die Balge, und es gab an der Stelle des heutigen Turms einen Brunnen. „Genau das hat Kirkeby sich zunutze gemacht und den Standort bewusst gewählt", weiß Detlef Stein. Dieser Turm ist quasi das Umkehrbildnis des Brunnens. Die Menschen haben früher für den Brunnen in die Erde gegraben, der Turm geht in exakt die andere Richtung, nämlich in die Höhe. „Kirkeby liebte das Spiel mit architektonischen Formen." Detlef Stein weist nach oben zu den eingebauten Schießscharten. Auf den ersten Blick ist da nichts Besonderes zu sehen, aber es lohnt ein zweiter. „Normalerweise sind Schießscharten konisch, um den Verteidiger vor dem gegnerischen Feuer zu schützen", stellt Detlef Stein fest, „aber diese hier sind schlichtweg viereckig." Der Künstler suggeriert dem Betrachter also einen Wehrturm, der gar keiner ist, indem er mit architektonischen Elementen spielt. „Es geht aber noch weiter. Der Grundriss ist ein griechisches Kreuz." Auch hier spielt Kirkeby wieder. Ein Kirchturm soll ein Fingerzeig zum Himmel sein und den Blick des Betrachters nach oben zur Spitze ziehen. Aber der Künstler torpediert das, indem er gegenüberliegende Fenster eingebaut hat, sodass man durch den Turm hindurchschauen und die dahinterliegenden Gebäude sehen kann.

So langsam beginnt man den Sinn des Turmes zu verstehen – ihn auch ein kleines bisschen zu mögen, selbst wenn er wie ein Fremdkörper wirkt.

Ein wenig verloren steht er nun da, der Wehrturm, der keiner ist. Der kirchenähnliche Bau, der vom Fingerzeig zum Himmel ablenkt. Ein Turm mit Geschichte und heute ohne Funktion. „Viele Bremer wünschen den Abriss oder einen Standortwechsel", zieht Detlef Stein Bilanz. „Was schade wäre, wenn man weiß, was dieses Kunstwerk noch ist, außer einem Turm, in dem bis 2009 die Verkehrsleitzentrale untergebracht war." Es wäre wirklich jammerschade, ihn zu beseitigen oder woanders aufzubauen, diesen umgekehrten Brunnen mit den vielschichtigen Elementen. Ein bisschen Fremdheit kann Bremen sicher weiter ertragen.

### *So geht's zum Kirkeby-Turm:*

*Der Kirkeby-Turm steht am Straßenbahnumschlagplatz Domsheide.*

ATELIER
HAIR FASHION
BEAUTY
SOLARIUM
MIHSEN FRISEUR
SHAM RE

# Ziegenbock

## Viehhandel in der Stadt

Ein wenig frech wirkt er ja schon, wie er da am Rand des Ziegenmarkts steht. Nichts entgeht seinem wachen Blick, so lebendig wirkt er, als würde er jeden Moment von seinem Sockel springen und den Händlern ihre Blumen wegfressen. Denn auch wenn der spitz zulaufende Platz im sogenannten „Viertel", wie die Bremer den Stadtteil Steintor liebevoll nennen, „Ziegenmarkt" heißt, gibt es hier mit Ausnahme des bronzenen Ziegenbocks keine Ziegen, stattdessen aber Blumen, Pflanzen, frisches Obst und Gemüse sowie Wurst- und Käsespezialitäten. Aber war das immer so, oder wurde früher auf dem Ziegenmarkt tatsächlich mit Ziegen gehandelt? Den Bremer Femi Bode Savage hat das auch interessiert, deshalb hat er hat Nachforschungen angestellt und tatsächlich herausgefunden, wie der Ziegenmarkt zu seinem Namen kam, mehr noch – wie der Markt überhaupt entstand:

„1863 wurde mit dem Bau neuer Straßenzüge begonnen, und dabei entstand ein Dreieck, das fortan als kleiner Marktplatz diente", beginnt er zu erzählen. Auf ebenjenem Dreiecksplatz wurde mit Ziegen gehandelt. Und das kam nicht von Ungefähr. Denn ganz in der Nähe des Platzes habe sich viel Bauernland befunden, auf dem nicht nur Getrei-de angebaut, sondern auch Vieh gehalten wurde. Die Bauern hatten also einen kurzen Weg zu Lande, aber auch auf dem Wasser wurde das Vieh zum Markt gebracht: über die Wümme bis zum Dobben, einem ehemaligen Gewässer in Bremen. Und das wiederum lag ganz in der Nähe des Ziegenmarktes.

***„Viehhandel war in dieser Zeit generell ein ganz normales Unterfangen."***

„Wie lange hier der Ziegenmarkt abgehalten wurde, konnte ich nicht herausfinden", bedauert Femi Bode Savage. „Aber Viehhandel war in dieser Zeit generell ein ganz normales Unterfangen. Gekauft wurde mit dreimaligem Handschlag und bezahlt in bar." Er deutet auf

*Der Ziegenbock sieht ziemlich zufrieden aus.*

den Ziegenbock: „Und der Geselle hier, den übrigens Künstler Peter Miczek im Jahr 1991 geschaffen hat, möchte uns das nicht vergessen lassen.“

Der Ziegenbock bewacht das Marktgeschehen.

Ob es die Nähe zum Ziegenmarkt war, die eine Nachbarin einst ausgesprochen stur sein ließ? Schließlich ist das eine Eigenschaft, die man Ziegen – besonders den männlichen – zuschreibt. Nicht umsonst heißt es „sturer Bock“ oder „bockig“. Jedenfalls ließ die Witwe Helene Engelke nicht mit sich reden, als ihr der Senat das ihr gehörende Grundstück abkaufen wollte, um die Straße weiterzubauen. Was erstens dazu führte, dass die Straße heute Helenenstraße heißt und damit nach ihr benannt ist, und zweitens, dass sie bis heute eine Sackgasse ist.

Der Ziegenbock auf dem Markt jedenfalls wäre sicher genau so stur wie einst Helene, würde man ihn von seinem Platz verbannen wollen. Da das aber offenbar keiner vorhat, begnügt er sich damit, das Marktgeschehen zu überwachen.

Und angesichts der vielen Leckereien, die hier angeboten werden, läuft ihn bestimmt dann und wann das Wasser im Maul zusammen. Soweit bekannt ist, ist er aber bisher noch nicht von seinem Sockel herabgestiegen, um sich an den Marktständen zu bedienen.

## *So geht's zum Ziegenbock:*

*Der Ziegenmarkt mit dem Ziegenbock liegt im Stadtteil Steintor. Er wird im Süden vom Straßenzug Vor dem Steintor begrenzt, das Dreieck bildet sich dort, wo die Römerstraße und die Wielandstraße auf die Friesenstraße treffen.*

*Erika Hickl am Grab mit der Einfriedung.*

50

# Grabeinfriedung

## Eine kleine Schweinerei

Dunkel recken sich die Grabsteine auf dem Friedhof neben der Arster St. Johannes-Kirche in den Morgenhimmel. Es regnet leicht, Wassertropfen rinnen an den Grabmälern herab und es weht ein unangenehmer Wind. Archivarin Erika Hickl lässt sich von dem schlechten Wetter nicht abschrecken, viel zu spannend ist der Ausflug in die Kirchengeschichte, zu dem sie einlädt. „Die St. Johannes-Kirche ist übrigens eine der ältesten Kirchen Bremens, sie wurde erstmalig im Jahre 1325 urkundlich erwähnt", beginnt sie zu erzählen und es klingt ein wenig stolz. Umgeben ist die Kirche von einer großen Friedhofsanlage. Zur gesamten Anlage gehören auch das Katechisierhaus aus dem Jahr 1852 und das alte Pfarrhaus von 1853. „Es ist idyllisch hier – wenn das Wetter stimmt“, sagt Erika Hickl.

Walter Pfannschmidt beschreibt die Anlage in seinem Buch *Arsten. Aufsätze zur Geschichte eines ehemaligen bremischen Dorfes* so: „Wer heute von der Arster Landstraße durch das neue Kirchhofstor mit seinen Sandsteinpfeilern hindurchgeht, befindet sich auf einem wohlgeordneten, sauberen kleinen Friedhof, er wandert an reich geschmückten Grabstellen vorbei und an alten und neuen Grabsteinen …“ Doch nicht nur das! Neben dem Friedhof ist ein 225 Meter langer Laubengang aus Lindenbäumen zu finden, den Pastor Johann David Noltenius (1831-1874) nach französischem Vorbild anlegen ließ.

*Der Arster Friedhof an der St. Johannes-Kirche.*

Trotz der bedrückenden Stimmung wegen des schaurigen Wetters machen die vielen alten Grabsteine neugierig. „Um Arsten herum rankt sich wirklich viel Geschichte“, meint Erika Hickl. Eine Grabstelle weckt besondere Aufmerksamkeit. Das Grab rechts neben der Kirche ist nämlich von einem alten, verrosteten Gitter umgeben. Was hat das zu bedeuten? Das Wort „Friedhof“ stammt ja ursprünglich nicht von Frieden im landläufigen Sinn, sondern vom Einfrieden. Hat es damit zu tun? „Das habe ich mich auch oft gefragt“, so Erika Hickl, „und ich bin der Sache nachgegangen.“ Ihren Erkenntnisse zufolge geht diese Grabeinfassung mit großer Wahrscheinlichkeit auf eine Anforderung eines

Gohgräfe aus dem Jahr 1698 zurück. Hierbei handelt es sich um einen obersten Richter im Gohe, wie im Mittelalter die Gerichtseinheiten bezeichnet wurden. Er wurde von freien Bauern und Grundherren gewählt. Danach gab es einen Erlass, denn auf dem Kirchhof in Arsten herrschten unhaltbare Zustände. „Demnach liefen Schweine über die Gräber und verwüsteten sie ganz furchtbar, was natürlich nicht ging", erläutert Erika Hickl. Kurzum: Die Nachkommen und Verantwortlichen mussten das Grab einfrieden, um die Verhältnisse zu verbessern. „Einen ganz genauen Nachweis gibt es nicht", gibt Erika Hickl zu bedenken. „Aber es ist ein weiteres Protokoll aus dem Jahr 1860 vorhanden, denn es gab immer wieder Klagen über den Zustand des Friedhofs. Ab 1860 sollten endlich geordnete Verhältnisse herrschen", fährt die Archivarin fort. Doch es zog sich bis ins Jahr 1884, bis die Einfriedung des gesamten Friedhofsareals mittels einer Mauer endlich umgesetzt wurde. Erhalten geblieben mit dem alten eisernen Zaun ist eben nur dieses eine Grab, das noch immer gehegt und gepflegt wird. „Eine kleine Erinnerung an die Zeit, als die Einfriedung noch nicht über eine Mauer erfolgte und die Angehörigen auf diese Art versuchten, die Grabstellen zu schützen", schließt Erika Hickl.

***„Demnach liefen Schweine über die Gräber und verwüsteten sie ganz furchtbar, was natürlich nicht ging."***

Das ergibt Sinn. Friedhof kommt eben von Einfrieden. Obwohl: Der Regen hat sich verzogen und jetzt sieht es hier doch ein kleines bisschen friedlich aus.

## *So geht's zur Grabeinfriedung:*

*Die Grabeinfriedung mit dem Eisengitter liegt auf dem Friedhof rechts neben der Arster Kirche an der Arster Landstraße.*

# Quellen, Literatur, Bildnachweis


Amrehn, Birgit: „Adolph Freiherr von Knigge". In: planet-wissen.de. URL: https://www.planet-wissen.de/gesellschaft/essen/tischetikette/pwieadolphfreiherrvonknigge100.html. Abgerufen am 22.05.2021.

Arbeitskreis Arster Geschichte(n): Die Geschichte Arstens. URL: http://www.arster-geschichte.de. Abgerufen am 26.05.2021.

Arbeitskreis Arster Geschichten: „Die Arster Kirche". URL: http:/www.arster-geschichte.de/die-geschichte-arstens/die-arster-kirche/. Abgerufen am 26.05.2021.

Arbeitskreis Arster Geschichte(n): In Arsten war alles ganz anders – Arster erzählen ihre Geschichte(n). Bremen 1991.

Art Directory GmbH: „Paula Modersohn-Becker". URL: http://www.paula-modersohn-becker.de/. Abgerufen am 20.05.2021.

Athmann, Paul: „Die Ritter von Horn". In: Weyhe-Historie, Chronologie. URL: https://www.weyhe-historie.de/chronologie/ritter-von-horn/. Abgerufen am 16.05.2021.

Baumwollbörse: „Baumwollbörse Geschichte". URL: https://baumwollboerse.de/baumwollboerse/geschichte/. Abgerufen am 07.06.2021.

Becker, Wolfgang Dr.; Schwab, Rudolph Dr. Ing.: Jahrbuch der Hafenbautechnischen Gesellschaft. Berlin 1987, S. 67.

Begerow, Thomas: Ahnentafeln.

Begerow, Thomas: „Der Kirchturm Vegesack meldet sich zu Wort". In: 200 Jahre Evangelische Kirchengemeinde Vegesack 1817-2017. Bremen 2017, S. 58.

Ders. : „Ihr wandelt über Gräbern im Sonnenlicht … - Ein Gang über den Friedhof". In: 200 Jahre Evangelische Kirchengemeinde Vegesack 1817-2017. Bremen 2017, S. 189.

Begerow, Thomas: „Mit Vegesacker Kapitänen um die Welt. Zu den Folgen der Auswanderungswellen auf die sozialgeschichtliche Entwicklung der bremischen Hafenstädte im 19. Jahrhundert" In: Die Maus. Gesellschaft für Familienforschung in Bremen e.V. (Hrsg.): Genealogie und Auswanderung. Über Bremen in die Welt. Grußworte und Vorträge zum 54. Deutschen Genealogentag in Bremen, Clausthal-Zellerfeld 2002, S. 159-166. URL: https://www.yumpu.com/de/document/view/9001460/mit-vegesacker-kapitanen-in-die-welt-die-maus. Abgerufen am 20.05.2021.

Begerow, Thomas: Zur Sozialstruktur und sozialen Mobilität der seefahrenden Bevölkerung im späten 18. und 19. Jahrhundert am Beispiel des bremischen Hafenortes Vegesack. Magisterhausarbeit, Freie Universität Berlin, Berlin 1997.

Brandt, Lisa: „Bremer Köpfe: Adolph Freiherr von Knigge". Gastbeitrag vom 13.04.2015. In: Bremen Blog. URL: https://blog.bremen-tourismus.de/bremer-koepfe-adolph-freiherr-von-knigge/. Abgerufen am 22.05.2021.

Brauerei Hacker Pschorr: „Hacker Pschorr". URL: https://www.hacker-pschorr.de/. Abgerufen am 12.06.2021.

Bremen-City: „Ziegenmarkt". URL: https://www.bremen-city.de/de/shop/ziegenmarkt/. Abgerufen am 21.05.2021.

Bremen.de: Bremen erleben!: „Häfen – aus der Geschichte". URL: https://www.bremen.de/leben-in-bremen/wohnen/stadtteile/stadtteilgeschichte-haefen. Abgerufen am 30.05.2021.

ebd. : „Das Viertel". URL: https://www.bremen.de/leben-in-bremen/shopping/das-viertel. Abgerufen am 21.05.2021.

ebd.: „Luft und Raumfahrt". URL: https://www.bremen.de/wirtschaft/standortinformationen/luft-und-raumfahrt. Abgerufen am 02.06.2021.

ebd.: „Schwankhalle". URL:https://www.bremen.de/visitenkarte/schwankhalle-344058. Abgerufen am 20.05.2021.

Bremenphotos: Bremen - der Fockegarten - herbstliche Impressionen. URL: https://

bremen-photos.de/953/. Abgerufen am 29.05.2021.

Bremenports: „Keimzelle des stadtbremischen Hafenumschlags - Hohentorshafen". URL: https://bremenports.de/hafen/bremen/. Abgerufen am 30.05.2021.

ebd.: „125 Jahre Europahafen Bremen". URL: https://bremenports.de/hafen/bremen/. Abgerufen am 20.05.2021.

Bremen Tourismus: „Gewerbehaus". URL: https://www.bremen.de/tourismus/gewerbehaus. Abgerufen am 31.05.2021.

Bremischer Deichverband am linken Weserufer: Generalplan Küstenschutz – Bremen. Bremen 2020, S. 1 und 7. URL: https://deichverband-bremen-alw.de/fileadmin/Projekte/gpk/BA_Rablinghausen/U1_Erlaeuterungsbericht_20-0826.pdf. Abgerufen am 09.06.2021.

Bremer Frauenmuseum: „Lampe, Hanna (1897-1997)". URL: https://bremer-frauenmuseum.de/2017/03/22/lampe-johanne-wilhelmine-genannt-hanna/. Abgerufen am 06.06.2021.

BR-Wissen: „20 Jahre Internationale Raumstation ISS. Schwereloser Koloss im All". URL: https://www.br.de/wissen/iss-raumstation-weltall-raumfahrt-100.html. Abgerufen am 02.06.2021.

Bubke, Karolin: „Die Bremer Stadtmauer". In: Staatsarchiv Bremen, Band 68. Bremen 2007, S. 143.

Busch, Günther; Reinken, Liselotte von: Paula Modersohn-Becker in Briefen und Tagebüchern. Frankfurt 2007, S. 166, 520.

Buten und Binnen (Video). URL: https://www.butenunbinnen.de/videos/fleetkirche-walle-kleingarten-100.html. Abgerufen am 24.06.2020.

Dede, Klaus: „An Weser und Jade". URL: http://klausdede.de/index.php?content=weserundjade&sub=39. Abgerufen am 30.05.2021.

Deichverband Bremen: „Schleuse und Schöpfwerk Kuhsiel". URL: http://www.dvr-bremen.de/Deichverband/web/extrafenster/28kuhsiel.html. Abgerufen am 21.05.2021.

Die Glocke - Das Bremer Konzerthaus: „Die Glocke". URL: https://www.glocke.de/de/Die_Glocke. Abgerufen am 21.05.2021.

Eigendorf, Stefan: „Stadtwald&Stadtwaldsee". In: Bremen sehenswert. URL: https://www.bremen-sehenswert.de/stadtwald-stadtwaldsee.htm. Abgerufen am 20.05.2021.

Filmtheater.square7: „Bremen Buntentor-Lichtspiele". URL: http://filmtheater.square7.ch/wiki/index.php?title=Bremen_Buntentor-Lichtspiele. Abgerufen am 21.05.2021.

Freie Hansestadt Bremen - Die Senatorin für Wirtschaft, Arbeit und Europa: „Luft- und Raumfahrt". URL: https://www.wirtschaft.bremen.de/innovation/industrie_und_cluster/luft__und_raumfahrt-9973. Abgerufen am 02.06.2021.

Freie Hansestadt Bremen: „Landgericht Bremen". URL: https://www.landgericht.bremen.de/das_gericht/gebaeude_und_geschichte-1587. Abgerufen am 30.05.2021.

Freie Hansestadt Bremen, Landesamt für Denkmalpflege: „Denkmalliste". URL: https://denkmalpflege.bremen.de/denkmal_digital/detail.php?id=51659. Abgerufen am 26.05.2021.

Fueller, Rike: „Ausstellung und Buch zeigen Erinnerung an Lankenau". In: Weserreport. URL: https://weserreport.de/2018/02/bremen-bremen/stadtteile/sued/ausstellung-und-buch-zeigen-erinnerung-an-lankenau/. Abgerufen am 29.05.2021.

Hemleben, Johannes: Galilei. Hamburg 1969, S. 166 f.

Hethey, Frank: „Ein Turm, wo heute keiner mehr ist". In: Weserkurier, WK-Geschichte. URL: https://wkgeschichte.weser-kurier.de/ein-turm-wo-heute-keiner-mehr-ist/. Abgerufen am 07.06.2021.

Jarchow, Wolfgang; Klimek, Lothar; Weldman, Oscar: Bremisches: Wo einer leicht überhin kuckt. 2. Auflage, Bremen 2001, S. 12.

Jones, Britta: „Anker-Bedeutung". In: Helpster - Die Ratgeber. URL: https://www.helpster.de/anker-bedeutung_197622. Abgerufen am

21.05.2021.

Kaisenhaus Museum: Unser Haus. URL: https://kaisenhaus.de/haus. Abgerufen am 20.05.2021.

Kanzlei Büsing Müffelmann & Theye: „Kanzlei Büsing Müffelmann & Theye". URL: https://www.bmt.eu. Abgerufen am 21.05.2021.

Karstadt-Presseabteilung Essen: „Karstadt-Mitarbeiterzeitung". In: Die Neue Hauszeitung Nr. 5. Essen 1958, S. 9.

Karstadt-Presseabteilung Essen: „Karstadt-Mitarbeiterzeitung". In: Die Neue Hauszeitung Nr. 3. Essen 1959, S. 9 f.

Kirchengemeinde Arsten-Habenhausen: Archiv.

Kloß, Kristian: „Hier spielte schon Abba: 8 Fakten über die Glocke". In: Buten un Binnen. URL: https://www.butenunbinnen.de/nachrichten/gesellschaft/glocke-bremen-millionen-investition-ausbau-100.html. Abgerufen am 21.05.2021.

Kulturhaus Pusdorf: „Stadtteilgeschichte". URL: https://www.kulturhaus-pusdorf.de/stadtteilgeschichte-und-publikationen/. Abgerufen am 29.05.2021.

Kulturinitiative Brodelpott: Das Stephaniviertel. Bremen 2007, S. 7, 104.

Kunst im öffentlichen Raum: „Projekt Granit". URL: https://www.kunst-im-oeffentlichen-raum-bremen.de/werke/projekt-granit-1982-mitte-art1000kior.html. Abgerufen am 21.05.2021.

Kuzaj, Thomas: „Verschwunden - Der Fangturm. Drei Meter dicke Mauern". In: MK Kreiszeitung.de. URL: https://www.kreiszeitung.de/lokales/bremen/drei-meter-dicke-mauern-7024527.html. Abgerufen am 20.05.2021.

Ders.: „Die bremischen Altertümer – Verschwunden: Die Gebäude des berühmten Focke-Museums in der Großenstraße". In: MK Kreiszeitung.de. URL: https://www.kreiszeitung.de/lokales/bremen/verschwunden-gebaeude-focke-museums-grossenstrasse-5664265.html. Abgerufen am 29.05.2021.

Lampe, Hanne: „Die Pagentorner Bauernschaft": Die Feldmark. Die Hofstellen. Die Einbürgerung. In: Schriften der Wittheit zu Bremen, Reihe A, Bremisches Jahrbuch Bd. 42. Bremen 1947, S. 2. URL: http://pagentorn.de/Pagentorn.htm. Abgerufen am 06.06.2021.

Larisch, Norbert: Gerichtshaus Bremen. Bremen 1985, S. 60-62.

Ders.: Gerichtshaus und Staatsanwaltschaft Bremen: Baugeschichte, Handwerkskunst und Allegorien. Bremen 1995, S. 57.

Lebendiges Museum online: „Hans Dietrich Genscher 1917-2016." URL: https://www.hdg.de/lemo/biografie/hans-dietrich-genscher.html. Abgerufen am 21.05.2021.

Leupold, Jakob: Theatrum Machinarium oder: Schauplatz der Hebezeuge. Bremen 1725, § 139, Tabula XVIII, Figura II.

Lipińska, Aleksandra: „Alabasterdiplomatie. Material als Medium herrschaftlicher Repräsentation und als Vernetzungsinstrument in Mittel- und Osteuropa des 16. Jahrhunderts". URL: https://www.academia.edu/10504776/Alabasterdiplomatie_Material_als_Medium_herrschaftlicher_Repr%C3%A4sentation_und_als_Vernetzungsinstrument_in_Mittel_und_Osteuropa_des_16_Jahrhunderts. Abgerufen am 01.06.2021.

Lokalwiki: „August Schilling". URL: https://localwiki.org/oakland/August_Schilling. Abgerufen am 20.05.2021.

Lührs, Wilhelm: Bremische Biographie 1912-1962. Bremen 1969, S. 480.

Mahnken, Otto: Arster Heimatbuch. Bremen 1936 (mit vielen Dokumenten aus dem Staatsarchiv Bremen), S. 90.

Mertin/Quade (Hrsg.): Der Fisch auf dem Dach - Religiöse Spuren im Bremer Stadtbild. Bremen 2009, S. 16 f.

Mittelalterlexikon: „Hand". URL: https://www.mittelalter-lexikon.de/wiki/Ohrkrankheiten. Abgerufen am 16.05.2021.

ebd.: „Ohrkrankheiten". URL: https://www.mittelalter-lexikon.de/wiki/Ohrkrankheiten. Abgerufen am 16.05.2021.

Möller, Sebastian: „Von der AG Weser zur Waterfront - Revitalisierung eines Werftgeländes“. In: Uni-Blogs Bremen/ Hafenblog. URL: https://blogs.unibremen.de/ hafenblog/2020/06/08/von-der-ag-weser-zur-waterfront/. Abgerufen am 24.05.2021.

Museumsstiftung Post und Telekommunikation: „Optische Telegrafie“. URL: https://sammlungen.museumsstiftung.de/optische-telegrafie/. Abgerufen am 30.05.2021.

Oehlerking, Rieke: „Bremer Köpfe: Heinrich Wilhelm Matthias Olbers“. In: Bremen-Tourismus. URL: https://blog.bremen-tourismus.de/olbers/. Abgerufen am 21.05.2021.

Olbers-Planetarium: „Die Armillarsphäre“. URL: https://planetarium.hs-bremen.de/bremen/files/armill_text.html. Abgerufen am 28.05.2021.

Olbers-Gesellschaft e.V. Bremen: „Heinrich Wilhelm Matthias Olbers“. URL: https://olbers-gesellschaft.de/index.php/die-olbers-gesellschaft/heinrich-wilhelm-matthias-olbers. Abgerufen am 21.05.2021.

Parks und Gärten: „Focke-Garten“. URL: https://www.parks-und-gaerten.de/focke-garten/. Abgerufen am 29.05.2021.

Pfannschmidt, Walter: Arsten. Aufsätze zur Geschichte eines ehemaligen bremischen Dorfes. Bremen 1975, S. 5, 6, 9-11, 29.

Pulitz, Amelie zu: „St. Petri Domgemeinde“. In: Flyer des St. Petri Doms Bremen. Kurzrundgang. Bremen 2019.

Projekt Gutenberg: „Adoph Freiherr Knigge“. URL: https://www.projekt-gutenberg.org/autoren/namen/knigge.html. Abgerufen am 22.05.2021.

Rieth, Samuel: „Wie Johann Carl Friedrich Gauß die Zahlentheorie revolutionierte“. In: Geo-Epoche. URL: https://www.geo.de/magazine/geo-epoche/18839-rtkl-der-fuerst-der-zahlen-wie-johann-carl-friedrich-gauss-die. Abgerufen am 21.05.2021.

Robin Wood: „Gewässerstadteilflyer Woltmershausen Rablinghausen“. URL: https://www.robinwood.de/sites/default/files/Gewaesserstadteilflyer_Woltmershausen_Rablinghausen.pdf. Abgerufen am 29.05.2021.

Röhling, Lisa-Marie: „Kunstspaziergänge in der Region – Die Skulptur ‚Zur Schicht‘ in Bremen Gröpelingen“. In: Radio Bremen, 15.12.2020. URL: https://www.bremenzwei.de/themen/kunstspaziergang-zur-schicht-bremen-100.html. Abgerufen am 24.05.2021.

Runge, Wilhelm: „ Chronik Arstens (Manuskript)“. Archiv des Arbeitskreises Arster Geschichte(n).

Schaper, Jörn Tore: „Die Entstehung des Rathscafés - Straßenkorrektur und Wettbewerb“. In: Rathscafé und Deutsches Haus. Plagemann, Volker; Syring, Eberhard (Hrsg): Bremer Zentrum für Baukultur. Bremen 2009, S. 69.

Schnürschuhtheater. URL: http://www.schnuerschuh-theater.de. Abgerufen am 21.05.2021.

Schulze, Ina: „Die versteckten Bremer Stadtmusikanten“. In: Weserkurier Bremen, 06.05.2016. URL: https://www.weser-kurier.de/bremen/kennen-sie-die-versteckten-bremer-stadtmusikanten-doc7e67c72p3zao5w2plq2. Abgerufen am 26.05.2021.

Schwankhalle-Bremen. URL: http://dev.schwankhalle-bremen.de/. Abgerufen am 20.05.2021.

Spurensuche Bremen: „Zwangsverkauf einer ‚Mikwe‘ in der Neustadt“. URL: https://www.spurensuche-bremen.de/rudolf-schillig-arischer-hausmeister-erwirbt-badeanstalt/. Abgerufen am 20.5.2021.

Schwarzwälder, Herbert: Das große Bremen Lexikon. Bremen 2002, S. 205.

Ders.: Großes Bremen Lexikon. Bremen 2003, S. 247.

Ders.: Das Große Bremen Lexikon, Bd. 1 (A-K), 2. Auflage. Bremen 2003, S. 355, 477; „St. Johanniskirche und -kloster“, S. 438 f.; Bd. 2 (L-Z): „Steinhäuser, Carl“, S. 853 f.; „Vase am Herdentor“, S. 915; „Klosterochsenzug“, S. 736, 881.

Ders.: Reise in Bremens Vergangenheit. 2. Auflage, Bremen 1986, S. 134, 138 f., 142 f.

Senatspressestelle Bremen: „Roland". URL: https://www.senatspressestelle.bremen.de/detail.php?id=22329. Abgerufen am 08.06.2021.

Spektrum.de: „Olbers". In: Lexikon der Physik. URL: https://www.spektrum.de/lexikon/physik/olbers/10637. Abgerufen am 21.05.2021.

ebd.: „Olberssches Paradoxon". In: Lexikon der Physik. URL: https://www.spektrum.de/lexikon/physik/olberssches-paradoxon/10638. Abgerufen am 21.05.2021.

Staatsarchiv Bremen: „Bauakten der Grundstücke Obernstraße 21-33 (ehem. Warenhaus Heymann & Neumann)". Komplette Bauakten der Grundstücke Obernstraße 21-33, ehem. Warenhaus Heymann&Neumann einschl. Vorgängerbauten. Diese Nummern sind in dem Karstadt Erweiterungsbau von 1958 sowie dem Defaka Haus aufgegangen.

Steilen, Diedrich (D.St.): „Alte Pumpe in Vegesack". In: Niedersachsen Jg. 14, Nr. 2. Vegesack 1908/09, S. 33.

Ders.: Geschichte der bremischen Hafenstadt Vegesack. Vegesack 1926, S. 52-54 (Die Wasserversorgung), S. 105 (Sonnenapotheke).

St. Petri Dom: „Baugeschichte". URL: http://www.stpetridom.de/index.php?id=39&L=0. Abgerufen am 21.05.2021.

ebd.: „Dom-Maus". URL: http://www.stpetridom.de/index.php?id=28. Abgerufen am 21.05.2021.

ebd.: „Westkrypta". URL: http://www.stpetridom.de/index.php?id=26. Abgerufen am 20.05.2021.

Strotmann Peter: „Mensch Remmer, weißt noch?" In: Weserkurier, 14.05.2017. URL: https://wkgeschichte.weser-kurier.de/mensch-remmer-weisst-noch/. Abgerufen am 20.05.2021.

Ders.: „Mit donnerndem Getöse brach sich das Wasser Bahn". In: WK-Geschichte, Weserkurier. Das Portal für vergangene Zeiten. URL: https://wkgeschichte.weser-kurier.de/mit-donnerndem-getoese-brach-sich-das-wasser-bahn/. Abgerufen am 30.05.2021.

Ders.: „Ein bewegtes Schicksal". In: Weser-Kurier Geschichte vom 15.12.2017. URL: https://wkgeschichte.weser-kurier.de/ein-bewegtes-schicksal/. Abgerufen am 28.05.2021.

Tabletopdeutschland: „Napoleonische Kriege in Norddeutschland - Hanseatische Legion - Teil 1". In: Figuren und Geschichten. URL: https://tabletopdeutschland.com/2017/04/24/napoleonische-kriege-in-norddeutschland-hanseatische-legion-teil-1/. Abgerufen am 08.06.2021.

Tiedemann, Kerstin: „Wird Waller Fleetkirche bald abgerissen?!" In: Gärtnern in Bremen. URL: https://kirstentiedemann.wordpress.com/2016/06/04/waller-fleetkirche-soll-abgerissen-werden/. Abgerufen am 20.05.2021.

Todenhöfer, Achim; Struwe, Ottmar: „Aktuelle Praxisberichte". In: Denkmalpflege Bremen, 15. Schriftenreihe des Landesamtes für Denkmalpflege Bremen. Bremen 2018, S. 104 f.

Velten, Anke: „Plädoyer für den Erhalt der Fleetkirche". In: Weserkurier vom 08.08.2016. URL: https://www.weser-kurier.de/bremen/stadtteile/stadtteile-bremen-west_artikel,-Plaedoyer-fuer-den-Erhalt-der-Fleetkirche-_arid,1432215.html. Abgerufen am 20.05.2021.

Vogeler, Heinrich: Werden: Erinnerungen. Berlin 1989, S. 115 f.

Welfen: „Julius". URL: http://www.welfen.de/Julius.htm. Abgerufen am 11.6.2021.

Who`s Who: Claude Chappe. URL: https://whoswho.de/bio/claude-chappe.html. Abgerufen am 30.05.2021.

Wikipedia: „Adolph Knigge". URL: https://de.wikipedia.org/wiki/Adolph_Knigge. Abgerufen am 22.05.2021.

ebd.: „AG Weser". URL: https://de.wikipedia.org/wiki/AG_Weser. Abgerufen am 24.05. 2021.

ebd.: „Alte Hafenstraße". URL: https://de.wikipedia.org/wiki/Alte_Hafenstraße. Abgerufen am 21.05.2021.

Wikipedia: „ Anker". URL: https://de.m.wikipedia.org/wiki/Anker_%28Heraldik%29. Abgerufen am 21.05.2021.

ebd.: „Apotropäische Handlung“. URL: https://de.wikipedia.org/wiki/Apotrop%C3%A4ische_Handlung. Abgerufen am 26.05.2021.

ebd. : „Balge (Arm der Weser)“. URL: https://de.wikipedia.org/wiki/Balge_%28Arm_der_Weser%29. Abgerufen am 02.06.2021.

Wikipedia: „Baum-Hasel“. URL: https://de.wikipedia.org/wiki/Baum-Hasel_am_Herdentor. Abgerufen am 24.05.2021.

ebd.: „Baumwollbörse“. URL: https://de.wikipedia.org/wiki/Bremer_Baumwollb%C3%B6rse. Abgerufen am 28.05.2021.

ebd.: „Borneo“. URL: https://en.wikipedia.org/wiki/Borneo. Abgerufen am 04.06.2021.

Wikipedia: „Bremer Franzosenzeit“. URL: https://de.wikipedia.org/wiki/Bremer_Franzosenzeit. Abgerufen am 06.06.2021.

ebd.: „Bremer Marktplatz“. URL: https://de.wikipedia.org/wiki/Bremer_Marktplatz. Abgerufen am 07.06.2021.

ebd.: „Bremer Rathaus - Obere Rathaushalle“. URL: https://de.wikipedia.org/wiki/Bremer_Rathaus. Abgerufen am 01.06.2021.

Wikipedia: „Buntentorsteinweg“. URL: https://de.wikipedia.org/wiki/Buntentorsteinweg. Abgerufen am 21.05.2021.

ebd.: „Bürgerpark und Stadtwald“. URL: https://de.wikipedia.org/wiki/B%C3%BCrgerpark_und_Stadtwald. Abgerufen am 20.05.2021.

ebd.: „Carl Friedrich Gauß“. URL: https://de.wikipedia.org/wiki/Carl_Friedrich_Gauß. Abgerufen am 21.05.2021.

Wikipedia: „Die Glocke“. URL: https://de.wikipedia.org/wiki/Die_Glocke_(Bremen). Abgerufen am 21.05.2021.

ebd.: „Dobben Bremen“. URL: https://de.wikipedia.org/wiki/Dobben_%28Bremen%29. Abgerufen am 25.05.2021.

ebd.: „Flughafen Bremen“. URL: https://de.wikipedia.org/wiki/Flughafen_Bremen. Abgerufen am 02.06.2021.

Wikipedia „Focke-Garten“. URL: https://de.wikipedia.org/wiki/Focke-Garten. Abgerufen am 29.05.2021.

ebd.: „Franzosenzeit“. URL: https://de.wikipedia.org/wiki/Franzosenzeit. Abgerufen am 07.06.2021.

ebd.: „Geschichte der Stadt Bremen“. URL: https://de.wikipedia.org/wiki/Geschichte_der_Stadt_Bremen. Abgerufen am 20.05.2021.

Wikipedia: „Gewerbehaus“. URL: https://de.wikipedia.org/wiki/Gewerbehaus_%28Bremen%29. Abgerufen am 31.05.2021.

ebd.: „Glockengießerei Otto“. URL: https://de.wikipedia.org/wiki/Glockengie%C3%9Ferei_Otto. Abgerufen am 20.05.2021.

ebd.: „Häfen(Bremen)“. URL: https://de.wikipedia.org/wiki/Häfen(Bremen)#Stadtbremisches_Überseehafengebiet_Bremerhaven. Abgerufen am 29.05.2021.

Wikipedia: „Hans-Dietrich Genscher“. URL: https://de.wikipedia.org/wiki/Hans-Dietrich_Genscher. Abgerufen am 21.05.2021.

ebd.: „Hanseatenkreuz“. URL: https://de.wikipedia.org/wiki/Hanseatenkreuz. Abgerufen am 06.06.2021.

ebd.: „Hanseatische Legion“. URL: https://de.wikipedia.org/wiki/Hanseatische_Legion. Abgerufen am 06.06.2021.

Wikipedia: „Heinrich Wilhelm Olbers“. URL: https://de.wikipedia.org/wiki/Heinrich_Wilhelm_Olbers. Abgerufen am 21.05.2021.

ebd.: „Helenenstraße (Bremen)“. URL: https://de.wikipedia.org/wiki/Helenenstraße_%28Bremen%29. Abgerufen am 21.05.2021.

ebd.: „Hermes“. URL: https://de.wikipedia.org/wiki/Hermes. Abgerufen am 28.05.2021.

Wikipedia: „Johann Poppe“. URL: https://en.wikipedia.org/wiki/Johann_Poppe. Abgerufen am 28.05.2021.

ebd.: „Joseph Beuys“. URL: https://de.

wikipedia.org/wiki/Joseph_Beuys. Abgerufen am 22.05.2021.

ebd.: „Kaisenhaus“. URL: https://de.wikipedia.org/wiki/Kaisenhaus. Abgerufen am 20.05.2021.

Wikipedia: „Karstadt“. URL: https://de.wikipedia.org/wiki/Karstadt. Abgerufen am 20.05.2021.

ebd.: „Klosterochsenzug“. URL: https://de.wikipedia.org/wiki/Klosterochsenzug. Abgerufen am 24.05.2021.

ebd.: „Kräne an der Bremer Schlachte“. URL: https://de.wikipedia.org/wiki/Kr%C3%A4ne_an_der_Bremer_Schlachte. Abgerufen am 02.06.2021.

Wikipedia: „Landgericht Bremen“. URL: https://de.wikipedia.org/wiki/Landgericht_Bremen.Abgerufen am 30.05.2021.

ebd.: „Lesben-und Schwulenbewegung“. URL: https://de.m.wikipedia.org/wiki/Lesben-_und_Schwulenbewegung. Abgerufen am 20.05.2021.

ebd.: „Liste von Bremer Bürgermeistern“. URL: https://de.wikipedia.org/wiki/Liste_von_Bremer_B%C3%BCrgermeistern. Abgerufen am 08.06.2021.

Wikipedia: „Nasenschild“. URL: https://de.wikipedia.org/wiki/Nasenschild. Abgerufen am 11.06.2021.

ebd.: „Optische Telegrafenlinie Bremen-Bremerhaven“. URL: https://de.wikipedia.org/wiki/Optische_Telegrafenlinie_Bremen%.E2%80%93Bremerhaven. Abgerufen am 30.05.2021.

ebd.: „Optische Telegrafie“. URL: https://de.wikipedia.org/wiki/Optische_Telegrafie. Abgerufen am 30.05.2021.

Wikipedia: „Paula Modersohn-Becker“. URL: https://de.wikipedia.org/wiki/Paula_Modersohn-Becker. Abgerufen am 20.05.2021.

ebd.: „Per Kirkeby“. URL: https://de.wikipedia.org/wiki/Per_Kirkeby. Abgerufen am 22.05.2021.

ebd.: „Rathscafé /Deutsches Haus“. URL: https://de.wikipedia.org/wiki/Rathscafé/Deutsches_Haus. Abgerufen am 26.05., 12.06.2021.

Wikipedia: „Sonnenuhr“. URL: https://de.wikipedia.org/wiki/Sonnenuhr. Abgerufen am 25.05.2021.

ebd.: „Stadtkirche Vegesack“. URL: https://de.wikipedia.org/wiki/Stadtkirche_Vegesack. Abgerufen am 30.05.2021.

ebd.: „Steinhäuser Vase“. URL: https://de.wikipedia.org/wiki/Steinh%C3%A4user-Vase. Abgerufen am 24.05.2021.

Wikipedia: „St.-Johannis-Kloster“. URL: https://de.wikipedia.org/wiki/St.-Johannis Kloster_(Bremen). Abgerufen am 24.05.2021.

ebd.: „Stephaniviertel“. URL: https://de.wikipedia.org/wiki/Stephaniviertel. Abgerufen am 19.05.2021.

ebd.: „St. Remberti-Stift“. URL: https://de.wikipedia.org/wiki/St.-Remberti-Stift. Abgerufen am 06.06.2021.

Wikipedia: „Tatzenkreuz“. URL: https://de.wikipedia.org/wiki/Tatzenkreuz#:~:text=Ein%20Tatzenkreuz%2C%20auch%20Templer%2D%2C,und%20ausgerundetes%20Kreuz%20sind%20gebr%C3%A4uchlich. Abgerufen am 06.06.2021.

ebd.: „Viertel“. URL: https://de.wikipedia.org/wiki/Viertel_(Bremen). Abgerufen am 20.05.2021.

ebd.: „Völkerschlacht bei Leipzig“. URL: https://de.wikipedia.org/wiki/V%C3%B6lkerschlacht_bei_Leipzig. Abgerufen am 06.06.2021.

Wikipedia: „Vorflut“. URL: https://de.wikipedia.org/wiki/Vorflut. Abgerufen am 29.05.2021.

ebd.: „Waldemar Otto“. URL: https://de.wikipedia.org/wiki/Waldemar_Otto. Abgerufen am 24.05.2021.

ebd.: „Werftenkrise“. URL: https://de.m.wikipedia.org/wiki/Werftenkrise. Abgerufen am 24.05.2021.

Wikipedia: „Weserkahn“. URL: https://de.

wikipedia.org/wiki/Weserkahn. Abgerufen am 09.06.2021.

ebd.: „Ziegenmarkt“. URL:https://de.wikipedia.org/wiki/Ziegenmarkt_%28Bremen%29. Abgerufen am 21.05.2021.

ZDF-Nachrichten: „Genschers Balkonrede 1989- Prager Botschaft öffnet ihre Tore“. URL: https://www.zdf.de/nachrichten/heute/genschers-balkonrede-1989-prager-botschaft-oeffnet-ihre-tore-100.html. Abgerufen am 08.06.2021.

Zeitler, Annika: „Heinrich Focke“. In: Planet Wissen. URL: https://www.planet-wissen.de/technik/luftfahrt/hubschrauber/pwiehenrichfocke100.html. Abgerufen am 08.06.2021.

Zill, Veronika: „Lankenau – Das verschwundene Dorf“. In: Digitales Heimatmuseum Bremen. URL: https://digitales-heimatmuseum.de/lankenau-das-verschwundene-dorf/. Abgerufen am 30.05.2021.

## *Bildnachweis*

S. 9 Oben: Fotohaus Kerstin Sänger

**SIE WOLLEN NOCH MEHR ÜBER**

# Bremen

**WISSEN?**

*Hier gibt es sachkundige Informationen:*

***Artuhr P. Zapf***
ART.tours-Bremen
Besondere Stadtführungen in Bremen – natürlich unterhaltsam und informativ. 65 unterschiedliche Führungen stehen zur Auswahl, die auf den offenen Stadtführungen, als Einzelperson oder in einer kleinen Gruppe erlebt werden können. Alle Stadtspaziergänge gibt's auch zum Wunschtermin.
Arthur P. Zapf
Meyerstr. 45, 28201 Bremen
Telefon: 0421 / 790 11 905
E-Mail: info@arttours-bremen.de
Homepage:www.arttours-bremen.de

***Thomas Begerow, M.A.***
Historiker und Genealoge
Habsburgerstr. 9
10781 Berlin
E-Mail: tombow2001@yahoo.de
Homepage:
www.vegesacker-friedhof.de

***Joachim Bellgart***
Joachim Bellgart Stadterkundungen
Kompetent - freundlich - individuell.
Telefon: 0421 / 3764652
Mobil: 0177 / 2122756
E-Mail:
info@bellgart-stadtfuehrungen.de
Homepage:
www.bellgart-stadtfuehrungen.de

***Pastor Henner Flügge***
St. Petri Dom
Unterschiedliche Thematische Führungen durch den Dom (samstags 14 Uhr), Dom & Bleikeller (Fr. 12:30 Uhr) und Dommuseum (freitags 15 Uhr). Weitere individuelle Führungsthemen auf Anfrage.
Am Dom 1
Telefon: 0421 / 3347142
E-Mail : fuehrungen@stpetridom.de
Homepage: www.st. petridom.de
Mo.- Fr: 10-17 Uhr
Sa.: 10-14 Uhr, So.: 14-17 Uhr

***Friedrich Greve - Arbeitskreis Arster Geschichte(n) e.V.***
Dat lüttje Museum – Leben und Handwerk in Arsten & Geschichts-Archiv (Foto-Archiv Arsten, Habenhausen, Kattenesch und Kattenturm (Obervieland)/Text-dokumente, Zeitzeugen-Interviews, Familienforschung u.a.).
AK Arster Geschichte(n) ist Mitglied im Arbeitskreis Bremer Archive.
In der Tränke 12,
28279 Bremen
Telefon: 0421 / 87836269
E-Mail: arster-geschichten@t-online.de
Homepage: www.arster-geschichte.de
Dat lüttje Museum öffnet wieder im Frühjahr 2022 – Öffnungszeiten: 4. Sonntag im Monat 14-17 Uhr.
Eintritt frei.

Geschichts-Archiv: Termine nach Vereinbarung.

***Norma Holthusen***
Individuelle Stadtführungen
Homepage: www.brementourist.de

***Dr. Guido Klostermann***
Führungen und Rundfahrten in Bremen und Norddeutschland, auch auf Englisch und Niederländisch.
Telefon: 0421 / 62658924
E-Mail: info@guidoklostermann.de
Homepage: www.guidoklostermann.de

***Heinrich Lintze und Detlef Stein***
Jährliche Führungen zu kunst- und kulturgeschichtlichen Themen in Bremen
2017 Werke von documenta-Künstlern in Bremen
2018 Biedermeier in Bremen
2019 Tierfiguren im öffentlichen Raum
2020 Weserrenaissance
2021 die Neustädter Wallanlagen.
Alle bereits stattgefundenen Führungen werden immer wieder wiederholt.
H. Lintze
Schweizer Str. 7
28203 Bremen
Mobil: 0162 / 9182197
E-Mail: schweizer7@t-online.de

***Falk Meier***
Falk Meier / Phillip Rohde: Facebook-Gruppe „Bremer Geschichte und Geschichten".

***Jasmin Nitzschner***
Stadtgeschichten Bremen
Bei einer Stadtführung die Geschichten hinter den historischen Fassaden erfahren und spannende Details entdecken.
Telefon: 0421 / 1742662
E-Mail: info@bremenstadtfuehrung.de
Homepage:
www.bremenstadtfuehrung.de

***Sönke Schöttler***
Sönke Schöttler - Gästeführer in Bremen
Stadtrundgänge, Busrundfahrten, Radtouren u.v.m.
Telefon: 0421 / 7943232
E-Mail: s.schoettler@nord-com.net
instagram: gaestefuehrungen_bremen

***Peter Strotmann***
Stadt- und Straßengeschichten für Weser-Kurier und WK Geschichte
Schwachhausen-Archiv
Goebenstraße 11
28209 Bremen
Telefon: 0421 / 342120
E-mail: peter_strotmann@web.de

***Kirsten Vogel***
Bremen in Szene gesetzt
Individuell gestaltete Führungen und Rahmenprogramme.
Telefon: 0421 / 34 66 218
E-Mail:
kirstenvogel@bremen-in-szene.de
Homepage: www.bremen-in-szene.de

***Kathrin Wischnath***
Kathrin Wischnath
ContentCanDo
Starthelferin für Social Media
&Storytelling
Telefon: 0179 / 78 66 508
E-Mail: pr@kathrin-wischnath.de
Homepage: www.linkedin.com/in/
kathrin-wischnath/

***Publikationen:***

Griese, Angelika: Zahltag - Gestehe deinen Pfusch (Bremerhaven Krimi) Bremen 2021.

Griese, Angelika: Mörderisches Bremerhaven (4. Auflage) Meßkirch (2016) 2021.

Griese, Angelika: Klaben, Tod und Pfeffernüsse - Kriminelle Weihnachtsgeschichten aus Bremerhaven, Kassel 2016.

Griese, Angelika: Freiwildzone (Bremen Krimi), Kassel 2009.
Mehr Infos unter: www.angelikagriese.de

Niemann, René Paul:
Geschichten aus dem Bremer Westen, Bremen 2018.

Isa Fischer, Heinrich Lintze: tierisch – bremisch, Bremen 2016

Isa Fischer, Heinrich Lintze, Klaus Fritz Brandt: Zu Fuß am Fluss, Bremen 2020

*Besuchen Sie uns im Internet:* **www.bast-medien.de**

## Haftungsausschluss

Trotz intensiven Austauschs mit unseren Gesprächspartnern, gewissenhafter Literaturrecherche und aufmerksamem Korrekturlesen erheben wir weder einen Anspruch auf Vollständigkeit noch auf Fehlerlosigkeit. Wir haben streng darauf geachtet, keine Urheberrechte zu verletzen, unsere Recherchen sind nach bestem Wissen und Gewissen erfolgt. Dennoch übernehmen wir keinerlei Gewähr für die Aktualität, Korrektheit oder Vollständigkeit der bereitgestellten Informationen. Haftungsansprüche gegen uns schließen wir grundsätzlich aus.

**WEITERE**

## Geheimnisse der Heimat

aus der Umgebung:

**DIE**

## Geheimnisse der Heimat

**GIBT ES JETZT NEU IN ...**

**Mainz**

**Potsdam**

**Schweinfurt**

Seit 2011 haben wir über 70 „Geheimnisse“-Titel produziert.
Alle Städte finden Sie unter www.bast-medien.de

und der erste Band der aus der Hansestadt:

*So hoch war er einmal: Harald Klingebiel auf dem letzten Rest, der vom mittelalterlichen Deich geblieben ist.*

06

# Alter Deich

## Ein Stück Mittelalter auf dem Spielplatz

Echt jetzt? „Echt jetzt", sagt Harald Klingebiel und grinst. Mit dieser Reaktion hat er gerechnet, er war ja selbst ganz erstaunt, als er zum ersten Mal vor dem kleinen Erdwall am nördlichen Ende des Brommyplatzes im Ortsteil Peterswerder stand: Gut eineinhalb Meter hoch ist die Aufschüttung auf dem Spielplatz. Das Areal ist nach Admiral Karl Rudolph Bromme (1804-1860) benannt, dem Befehlshaber der ersten gesamtdeutschen Marine, der seinen Spitznamen von seinen Reisen nach Mittelamerika mitgebracht hat, wo ihn alle nur „Captain Brommy" nannten. Doch mit Wasser hat dieser Geheimnisort nicht nur wegen seines Namensgebers zu tun: Wasser gab es hier im 19. Jahrhundert nämlich jede Menge – und zwar immer dann, wenn die Weser im Winterhalbjahr über die Ufer getreten ist. Nun kann man sich wundern, schließlich gibt es doch den Osterdeich, der die Wassermassen aufhalten soll. „Ja", stimmt Klingebiel zu. „Nur: Damals war er in diesem Bereich – durch die Pauliner Marsch – erst im Planungsstadium." Und bis diese Pläne umgesetzt wurden, musste der mittelalterliche Deich reichen.

Wo dieser genau verlief, hat der Volkswirt und diplomierte Sozialwissenschaftler herausgefunden. Mühsam war das, denn es gibt kaum Dokumente zum Stichwortwort Osterdeich. Was auch daran liegt, dass die einzelnen Abschnitte früher noch andere Titel trugen. Ganz vorne zum Beispiel, direkt hinter den einstigen Stadtmauern, stand der Punkendeich. „Punken ist ein mittelalterlicher Begriff für Prostituierte", erklärt Klingebiel. Denn vor den Stadtmauern hinter den unsicheren Deichen wohnten die Armen. „Und wo es Armut gab, da gab es auch Prostitution." Ein altes Stück Mauer des Punkendeichs ist auch heute noch zu finden: Wieder an einem Spielplatz, dieses Mal direkt im Ostertorviertel, versteckt hinter Gestrüpp am Bleicherweg. „Ich bin der Meinung, dass die alte Mauer noch ein Überbleibsel sein muss", vermutet Klingebiel. Nur wenige Schritte weiter, an der Ecke zur Mozartstraße, ist ein altes, mittlerweile leicht umgebautes Gebäude zu sehen: Ein historisches Kutscherhaus, das einmal zu einer der prunkvollen Villen am Osterdeich gehörte. Doch bis dieses Gebiet bebaut werden konnte, musste noch einige Zeit vergehen.

***„Da ging es vor allem ums Sehen und Gesehen werden."***

Also zurück zum Brommyplatz, zum Anfang des 19. Jahrhunderts. Vom Punkendeich führte der mittelalterliche Erdwall immer weiter Richtung Osten. „Das hier war alles Weideland", sagt Klingebiel. „Da war es nicht schlimm, wenn es mal unter Wasser stand." Die Menschen siedelten hinter dem Erdwall, der in diesem Abschnitt in Peterswerder Langendeich hieß – eine Straße, die zum Spielplatz führt, trägt noch heute den Namen Am Langen Deich. Die Anwohner hatten ständig mit Hochwasser zu kämpfen, denn ihr Deich war zwar lang, aber niedrig. „Höchstens zwei Meter hoch", schätzt der Stadions- und Bremenhistoriker. „Und stellenweise sogar weniger – denn die Anwohner trugen auch gerne mal Erde ab, für ihr eigenes Stück Land dahinter."

Mitte des 19. Jahrhunderts aber entschlossen sich die Bremer dazu, den Deich zu verlegen. Und zwar näher an die Weser heran. „Das war in erster Linie dafür gedacht, neues Wohngebiet für die Wohlhabenden zu erschließen", ordnet Klingebiel ein. 1863 fing man also an, den neuen Deich anzulegen. Und zwar einen, der gleichzeitig auch als Promenade zum Flanieren diente. „Da ging es vor allem ums Sehen und Gesehen werden", so Klingebiel. Und tatsächlich: Die Reichen kauften sich Bauland und errichteten große Villen am Deich im Ostertor, und nach und nach wurde der Osterdeich, der das dortige Teilstück Eisenradsdeich ersetzen sollte, bis zur Lüneburger Straße verlängert. „Wer im Peterswerder baute, der erwarb gleichzeitig auch eine Grunddienstbarkeit", hat der Lokalhistoriker herausgefunden. „Das heißt: Ohne die Zustimmung der Anwohner durfte im Außendeichsland nicht massiv gebaut werden." Das Recht besteht bis heute und hat zuletzt der Stadt und dem SV Werder Bremen 2004 einiges Kopfzerbrechen bereitet: Da nämlich sollte das Weserstadion seinen Photovoltaik-Mantel erhalten – und niemand war sich sicher, ob die Anwohner dagegen klagen beziehungsweise die Umgestaltung sogar verhindern konnten. Deshalb wurde Klingebiel mit der Forschung beauftragt und sollte ein Gutachten erstellen: der Beginn seiner historischen Untersuchungen zum Deich.

*Der mittelalterliche Deich.*

Dabei fand Klingebiel auch heraus, dass die Bremer zum Ende des 19. Jahrhunderts den Dom sanieren wollten – ihnen aber das Geld dafür fehlte. „Es gab in den 1870er- und 1880er-Jahren Überlegungen, den mittelalterlichen Deich in Hastedt einfach aufzuschütten. Doch dann kam Kaufmann Franz Schütte als Bauherr der St.-Petri-Domgemeinde auf eine andere Idee: Er wollte den Peterswerder gewinnbringend als attraktives Wohngebiet vermarkten." Dafür nutzte Schütte seine Vormachtstellung, die er als wohlhabender Kaufmann hatte, und machte vorwiegend Geschäfte mit denen, die seine Idee unterstützten. Nicht nur, um selbst einen Vorteil zu haben, sondern um so die Renovierung des Bremer Doms zu fördern. „Das war eigentlich ein ziemlich gewiefter Trick", schmunzelt Klingebiel. „Das alte Weideland im damaligen Außendeichsland nämlich gehörte überwiegend dem St.-Petri-Dom. Schütte verkaufte also das Land, und die Kirche erhielt die Einnahmen. So kam das Geld für eine Sanierung zusammen." Die Domrestaurierung konnte finanziert und der Hastedter Osterdeich 1893 bis zum Weserwehr zu Ende gebaut werden.

Tja, und alles, was noch an den mittelalterlichen Deich erinnert, ist dieser kleine Hügel auf dem Brommyplatz. „Ich bin mir sicher, wenn man hier graben würde, dann fände man ziemlich schnell die Schichten des alten Deichs", meint Klingebiel. Tief buddeln muss man bei der geringen Höhe nicht mehr. „An einigen Stellen ist das Stück Langendeich sogar noch niedriger als das letzte Mal, als ich hier war", fällt Klingebiel plötzlich auf. Er deutet auf zwei tiefe Löcher. „Da haben sich wohl schon wieder welche bedient." An dieser Tradition haben die Bremer also offenbar festgehalten. Wobei: Vielleicht waren es auch nicht die Anwohner, sondern die Spielplatz-Kinder. Den Hochwasserschutz gefährden sie so allerdings nicht mehr – dank des neuen Osterdeichs.

*Tobias Meyer*

## *So geht's zum alten Deich:*

*Der Erdwall ist auf dem Spielplatz auf dem Brommyplatz zu finden. Er liegt direkt hinten bei den Häusern, kurz vor dem Gartenzaun.*